RAPHIA

JSTRASIÆ,

ALSATIA

Ad Pag. 741.

EVS M.
Alemannos profligat 496.
11.

CHILDEBERTVS I.
sedet Parisiis.

CHLOTARIVS I.
Rex Suession. 511. Aurelian. 526.
Austrasiæ 555. Monarcha 558.
† 561.

CHILPERICVS I.
Suession. Ux. Fredegunda.

SIGEBERTVS I.
Rex Austrasiæ, occisus An. 575.
Ux. Brunehildis.

CHLOTARIVS II.
584. Monarcha An. 613. quo
Marolegium venit. † 628.

CHILDEBERTVS II.
Rex Austras. 575. Strateburgi fuit An. 589.
Marilegii 590. Rex Aurelian. 593. † 596.

CHARIBERTVS II.
Rex Aquitan. 628. † 630.

THEODEBERTVS II.
Rex Austras. 596. occisus 612.

THEODERICVS II.
Rex Burgund. & Alsatiæ 596.
Saloissæ cum fratre transegit 61.
Austrasiam occupat 612. † 613

SIGEBERTVS II.
à Chlothario II. interfect. 613.

RTVS III.
Austrasiam accipit
656. inter Sanctos.
Maj. Domus.

AGOBERTVS II.
is Austrasiæ 674. Sedes ejus
nii. Interfectus 679.

SIGEBERTVS
occisus, & Divis adscriptus.

II. CHLOTARIVS IV.
pro Theodorici III.
filio habetur.
Chilperico II. opponitur
717. † 719.

Major Domus 639.
deposit. 656.

Arnulphi
Maj. Dom. sub Dagob. I.
dein Episc. Metens.

III.
Pipinus Heristall.
s.

CHILDEBERTVS
Austrasiæ Rex à patre
intrusus, 656. per 7.
menses.

PIPINVS HERISTALLIVS,
Major Domus Austrasiæ
680. † 714.

alensis,
. † 737.
s Palatii.

CAROLVS MARTELLVS
Major Domus 715.
† 741.

CAROLOMANNVS
Major Domus
Austras. 741-747.

PIPINVS BREVIS
Major Domus 741.
Rex Franciæ 752.
†. 768.

CAROLVS MAGNVS.

CAROLOMANNVS
Rex Austrasiæ 768.
† 771. d. 4 Dec.

Maria Stoeckle

Das Leben der hl. Odilia

Reihe: Gottsucher — Charismatiker — Mystiker

Maria Stoeckle

Das Leben der hl. Odilia

Geschichtsquelle — Sage/Entwicklungsmärchen — hagiographisches Bild?

EOS Verlag Erzabtei St. Ottilien

Titelbild: Betende Odilia – Tränenkapelle / Odilienberg
Photo: Maria-Stella Erhart

Die Deutsche Bibliothek – CIP-Einheitsaufnahme

Stoecklc, Maria:

Das Leben der hl. Odilia: Geschichtsquelle – Sage/ Entwicklungsmärchen – hagiographisches Bild? / Maria Stoeckle. – St. Ottilien: EOS Verlag, 1991

(Reihe: Gottsucher - Charismatiker - Mystiker)
ISBN 3-88096-674-5

Gesamtherstellung: EOS Druckerei, D-8917 St. Ottilien
Schrift: 10/12 Punkt PC-Palacio

INHALT

I. Vorstellung

Patronat im Breisgau

Zwei mittelalterliche Augenpatrone ehrt der Breisgau als Zugereist-Einheimische.
Udalrich (Ulrich)[1], ein Regensburger Kleriker vornehmer Herkunft, beschloß am 14. Juli 1093 sein demütiges und asketisches Leben als Cluniazensermönch in der entlegenen Außenstelle, dem kleinen Priorat Zell im Tal der oberen Möhlin, südlich von Bollschweil.
Inmitten der ehemaligen Klosteranlage auf einem Bergvorsprung, unterhalb der Höhe »Geiersnest«, hütet die 1989 restaurierte Barockkirche sein Grab.
Als junger Mann hatte er eine Pilgerfahrt in den Vorderen Orient unternommen (a. 1051–2); vielleicht rührte daher die Krankheit, die ihn nach und nach das Licht beider Augen kostete.[2]
Seine berühmtere Kollegin ist Odilia, ein Menschenalter lang Äbtissin auf dem jetzt nach ihr benannten Berg im Elsaß. Dort starb sie am 13. Dezember, um das Jahr 720. Dorthin zu ihrer Grabstätte auf der uralten Vogesenfestung zieht es bis heute das Volk der angrenzenden Länder.
Odilia kam blind zur Welt. Ihr Vater, der selbstbewußte und erfolgreiche Herzog Adalric, weigerte sich, die behinderte Tochter anzunehmen. Er verfügte, sie zu töten. Der Urteilsvollzug — Aussetzung — gewährte immerhin eine winzige Chance. Das Mädchen überlebte. Ein Regensburger Bischof heilte es. Aus Armut und Niedrigkeit gelang — mit zäher, vielfältiger Mühe, nach Rückschlägen — die

Befreiung, der Aufstieg zur glücklichen und beglückenden Lebensfülle.
Spätere Sagen wollen die Jungfrau auf der Flucht vor erzwungener Heirat jenseits des Rheins bei der Stadt Freiburg i. Br. gesichtet haben. In einen sich wunderbar öffnenden Felsen sei sie geschlüpft. Er steht, massiges Urgestein, an einer heilkräftigen Quelle, in der Waldeinsamkeit zwischen Schloßberg und Roßkopf. Ende des 13. Jahrhunderts baute man daneben eine Kapelle. Umgestaltet, erweitert, restauriert, lädt das Kirchlein immer noch die Einheimischen zum Maiausflug oder zur morgendlichen Patroziniumsfeier im Dezember.[3]
Diese Arbeit möchte die alte Vita der heiligen Odilia durch eine Übersetzung ins Deutsche bekanntmachen und versuchen, Sperriges an Form und Inhalt zu erläutern. Zu einem besseren Verstehen diene sie als Anregung. Schließlich erbittet sie konstruktive Kritik.

Das Herzogtum Elsaß

Ein traditionsbewußter Gelehrter dieses seines Landes stellte 1987 fest: »Das Elsaß des 20. Jahrhunderts ist das Elsaß Adalrics geblieben.« Es verdanke seine Identität den Etichonen, jener Fürstenfamilie, die in der späten Merowingerzeit mit um die Macht im Frankenreich würfelte, aber am Ende von den noch kräftigeren Pippiniden überspielt wurde.[4]
Gegen 610 erscheint der Begriff »Elsaß«, etwa eine Generation danach entsteht innerhalb des staatlichen Gefüges das gleichnamige Herzogtum.
Vom Kerngebiet Austrasien her gesehen, handelt es sich um einen Außenbezirk, um Grenzland: Fran-

ken, die dort lebten, waren »Leute von drüben«, »in der Fremde Wohnende«.[5]
Gegen die übern Rhein andrängenden Alemannen organisierten die Frankenkönige den militärischen Schutz unter Amtsherzögen, zunächst Anführern des Heerbanns »ad nutum principis«[6], und zwar auf dem Territorium der beiden spätrömischen Bistümer (Diözesen) Basel und Straßburg.
Danach nannte man die entsprechenden Verwaltungseinheiten Nordgau und Sund- (= Süd)gau; der »Landgraben« bei Schlettstadt trennte sie (Landkarte s. Umschlag-Rückseite).[7]
Im Osten begrenzte der Rhein das Herzogtum. Als gewiegter Stratege hatte aber Adalric jenseits des Stromes Brückenköpfe angelegt. Der Breisgau breitete sich im Vorfeld aus.
Von Selz, unterhalb der Lauter, verlief die Nordgrenze am Hagenauer Forst entlang. Etwa im Gebiet der oberen Moder bog sie nach Süden ab.
Die Quellgebiete von Zorn und Saar streifend, folgte sie über die Höhe des Donon dem Vogesenkamm, parallel zum Breuschtal. Auf der rechten Seite sah sie die junge Meurthe ihren Lauf beginnen, auf der linken Fecht und Doller der Ill zustreben.
Vom Elsässer Belchen durchmaß sie die Burgundische Pforte auf der Linie Savoureuse – Allaine.
Über Delle und Porrentruy traf sie bei St. Ursanne auf den vom gleichnamigen Fluß umwundenen Clos du Doubs. Ostwärts schloß sie das Sorn- und Birstal ein.
Der Paß Pierre Pertuis an der alten Straße Basel – Biel markierte den südlichsten Punkt.
Unterhalb Moutier-Grandval folgte sie nun den Zügen des Schweizer Jura über Weißenstein und

Hauenstein gen Olten und wandte sich, wie die Aare, nach Norden zum Rhein.[8]

Etwa 100 Jahre lang (638 bis 739) bestand dieses fränkische Herzogtum. Pippin von Heristal, Austrasiens zielstrebiger Hausmeier, ließ das Amt erlöschen, wenn sich auch der Name des Landes und das Bewußtsein gemeinsamer Geschichte erhielten. Die Alemannengefahr war um die Jahrhundertmitte gebannt, der letzte Herzog gegen 740 wohl in einer Schlacht gefallen. Adalrics Nachkommen traten ins Glied ihrer Standesgenossen zurück. Das Königsgut, das sie sich mittlerweile wie selbstverständlich angeeignet hatten, entwand ihnen Pippin bei passenden Gelegenheiten ohne viel Aufhebens. Man war verschwägert, im Lauf weiterer Generationen verwandt.

So zählt der alte Adalric zu den Stammvätern der späten Karolinger, der Capetinger, der Grafen von Nordgau-Egisheim, deren berühmtester Sproß, Papst Leo IX. (Brun von Toul), sich bei seinen Besuchen auf Hohenburg (1045 und 1050) an den Familiengräbern seiner »Wurzeln« wohl erinnerte.

Als Ahnherren reklamieren den »dux illustris« unserer Vita gleicherweise Salier, Staufer, Zähringer und Habsburger (Stammbaum s. Umschlag-Rückseite).[9]

Herzog Adalric (reg. ~ 666–690)

In der Reihe der fünf elsässischen Herzöge, Gundoin, möglicherweise Vater der hl. Sadalberga v. Laon und beheimatet an der Meuse, danach Bonifacius, wie der Name vermuten läßt, aus gallo-römischem Adel, gilt der dritte, Adalric (Attich, Etih, Chaticus, Chatalrich), als der bedeutendste.

Er kommt aus Burgund. Dort besitzt er Land; es wird ihm allerdings a. 676-677 von König Theuderich III. wegen Treulosigkeit entzogen. Seine Familie zählt zu den Großen. Mit den eingesessenen Würdenträgern und ihren Sippen, Burgundofaronen, Agilolfingern, dem Kreis um Leudegarius v. Autun, ist er vielfach verbunden: durch gemeinsames Blut, das Kulturerbe, den Willen zu politischem Handeln. Er hat die Stellung eines »Patricius« inne, das entspricht im fränkischen Süden dem »dux« oder auch Hausmeier.[10]

Allerdings steht bei Adalric rücksichtsloses Machtstreben obenan. Es bestimmt seine Loyalitäten, zeichnet ihm die Aktionen vor. Er betreibt eine äußerst wendige Politik.[11] Denn er riecht rechtzeitig Wetterumschwung und hängt sein Mäntelchen alsbald in den jeweiligen Wind. Er oszilliert zwischen den Polen Neustrien und Austrasien unter den rasch wechselnden Königen, hält es mal gegen, mal mit dem ähnlich rücksichtslosen Parvenu Ebroin, dem berüchtigten Hausmeier von Neustrien. Dabei geht er über Leichen. Daß der Vetter seiner Frau, der gradlinige Bischof Leudegar von Autun, in die Fänge Ebroins gerät, wo er im Verlauf dreier Jahre stückweise zu Tode gebracht wird (676–9), nimmt er keineswegs mißbilligend in Kauf.[12]

Das Birstal im Sornegau hat er mit Hilfe heidnischer Alemannen verheert, um die königstreuen Bauern zu strafen. Der energische Abt von Grandval, Germanus, ein Römer nach Herkunft, Gesinnung und Handlungsweise, suchte ihn auf, redete ihm ins Gewissen, lehnte jedoch die Versöhnungsgeste ab. Er starb, mitsamt seinem Begleiter, auf dem Rückweg unter ungeklärten Umständen eines schmählichen Todes (674 oder 675).[13]

Indessen erscheint es den Forschern unglaubhaft, daß Adalric geduldet haben könnte, wie Ebroin ihm den eigenen Vater ermordete. Sie bezweifeln folglich die immerhin denkbare Identität des 675 hinterhältig getöteten Hausmeiers von Neustrien, Leudesius, Sohn des Erchinoald, mit dem in der Vita Odiliae erwähnten Hausmeier Liutheric (= Leutheric) als Vater des Adalric.[14]
Übrigens vermerkt die Vita, wie schonungslos der Herzog mit seinem Nachwuchs umzugehen pflegte. Sie weist ihm darum im Jenseits den Ort zu, wo Rabenväter und allzu flexible Politiker »der Volksmeinung nach« hingehören.[15]
Childerich, der »Imperator«-Frankenkönig zu Beginn unserer Vita, leichtsinnig und überheblich, verdarb es bald mit seinem Volk; er entging vorerst ein paar Attentatsversuchen, starb aber beim letzten im Herbst 675 — erst zwanzigjährig, und zwar zusammen mit seinem ältesten Sohn und seiner schwangeren Gemahlin.[16] Adalric — die Legende macht ihn zum Schwager des Königs[17] — indessen konnte sich in seiner Welt behaupten. Er überlebte. Zwei oder drei seiner Söhne überlebten ihn; einer von ihnen, Haicho, erhält den Stamm.
Das Elsaß blieb dem Fürsten. Mit Ländereien dortselbst entschädigte ihn der König, dessen Ungnade ihn den burgundischen Besitz gekostet hatte, bei der Versöhnung a. 680. In der nächsten Generation verfügen die Etichonen über das Gut des Königs — so die Rheininsel Honau, unterhalb Straßburgs, — als wär's ihr Eigentum.
Amt und Würden vererben sich. Dem Adalric folgt als vierter Herzog des Elsaß sein Sohn Adalbert, diesem als fünfter und letzter wiederum dessen Sohn Liutfrid. Der übte zuvor als comes (Graf) die

königliche Gerichtsbarkeit aus, während sein Bruder Eberhard, der »domesticus«, den königlichen Grundbesitz verwaltete. Merowingerkönige wurden zu dieser Zeit im Elsaß nicht mehr gesichtet. Auf ihrem Platz saßen die »duces«.
Das Elsaß wuchs zusammen. Es bildet, um mit unserem Gewährsmann zu schließen, in dreifacher Form eine besondere, dauerhafte Einheit:
ethnisch — die alemannische Minderheit sog die fränkischen und die breiten gallo-römischen Bevölkerungsanteile auf;
kulturell — das Alemannische setzte sich bis zum 20. Jahrhundert als Umgangssprache durch; das vergleichsweise spät eingepflanzte Christentum überdauerte Aufklärung und Französische Revolution;
politisch — mit seiner bewußten Eigenständigkeit wahrt das Elsaß bis heute seine liebenswerten Züge gegenüber absoluter Egalité und Zentralisierung.[18]

Das Jahrhundert des hl. Columban

In den drei Generationen befleißigten sich die Etichonen im damals — sit venia verbo — noch rückständigen Grenzland, das Christentum zu fördern und Klöster zu stiften.
Um 680 entstanden unter Adalric Ebers(heim)münster (Novietum) und Hohenburg; Odilia baute gegen 700 Niedermünster. Ihr Bruder, Herzog Adalbert, gründete 720 St. Stefan in Straßburg mit seiner Tochter Attala als erster Äbtissin. Irischen Mönchen stellte er die Rheininsel Honau zur Verfügung. Nach seinem Tod bestätigten seine Kinder, darunter Eugenia abbatissa, Odilias Nachfolgerin, dies als Schenkung. Schließlich erbauten die Enkel Mur-

bach, Maßmünster und im Norden an der Lauter Weißenburg.[19]

Die Mission der Irenmönche hatte vor- und zugearbeitet. Bei den ehemals keltischen Einheimischen, Nachkommen der Mediomatriker, brachten die peregrini pro Christo verwandte Saiten zum Klingen. Den Germanen imponierte ihr Mut; denn waffenlos, fürchteten sie weder Wälder noch wilde Tiere oder raublustige Menschen. Ihre Bedürfnislosigkeit machte sie frei und unabhängig, ihre zähen, asketisch trainierten Körper trotzten dem Hunger und der Kälte. Ja, sie suchten die Einsamkeit im entlegenen Dickicht, um zu beten, eben da, wo Gestrüpp verlassene Kultstätten aus der Heidenzeit überwucherte. Gewässer liebten sie, Baden im Fluß oder See härtete ab und hielt den Geist in Zucht. Sie wanderten viel und ausdauernd.

Den alten Handelsrouten nach dem Süden folgend, — durch Wales, die Bretagne, Nordgallien — strebten sie zwar zu den heiligen Stätten, Rom, Konstantinopel, Jerusalem, erreichten sie aber nur gelegentlich. Der Weg war ihr Ziel.

Columban durchzog mit seinen Gefährten die Vogesen. Um 592 weilte er in der verfallenen Bergfestung von Annegray, ehe er in Luxeuil die große, bald weitberühmte Mönchssiedlung gründete, der wiederum auf den Trümmern eines Römerbaus, gegen 620, Mons Habendum-Remiremont die Entstehung verdankt. Am 23. November 615 beschloß der Heilige im Kloster Bobbio, unterm Schutz des Langobardenkönigs, seine Lebensreise.[20]

Gallus, sein eigenwilliger Mitbruder, hatte sich bei Bregenz am Bodensee von ihm getrennt. Er folgte seiner Berufung in die Wildnis zu den Alemannen, jenseits der weiten Fläche des Bodensees. Am Wasserfall der Steinach fing er Fische und Menschenseelen und richtete seine ärmliche Zelle auf, aus der die größte, mächtigste Abtei Südwestdeutschlands wachsen sollte.[21]

Eustasius, ein Schüler Columbans aus der burgundischen Aristokratie, zweiter Abt von Luxeuil, wanderte ostwärts bis zu den Slaven. Er hatte sich vorgenommen, die *Boii* zu bekehren. Setzte er über zu den Chiemseeinseln, wo sich vielleicht ein Rest spätrömischer Kirchenorganisation erhalten hatte? Mit *Agilus*, vermutlich einem *Agilolfinger*, also einem Mann des burgundisch-bayrischen Hochadels, später Abt von Rebais-en-Brie, ging er an die Donau, wo er möglicherweise im Flußtal unterhalb eines Minerva-Tempels unweit der Herzogsstadt Regensburg den Grund des Klosters Weltenburg legte.[22]

Die Existenz und das Wirken der *»Scotti«* forderte die fränkische Staatskirche heraus. Die Männer aus dem niemals romanisierten Irland kamen nicht mit einem politischen Programm als Reformer, sondern nach Art der ihnen geistesverwandten Wüstenväter als charismatische Gottsucher und Seelenführer. Ihr Beispiel, das Evangelium hart und kompromißlos zu leben, gewann das Volk, machte Frauen wie Männern Mut zur Nachfolge Christi.[23] Gefeit gegen Drohung wie Schmeichelei, schüttelte Columban den Staub eines korrupten Königshofs von den Füßen.

Aber hoch und nieder verehrte ihn, adelige Söhne und Töchter, erfahrene Würdenträger und selbstbewußte Matronen sagten der Welt ab und ihrem damals besonders wechselhaften Glück. Fern der Städte entstanden die neuen Klöster des 7. Jahrhunderts, nach irischer Sitte Familienstiftungen,

auch Doppelklöster unter der Leitung von Äbtissinnen.[24]
Das frühmittelalterliche Christentum im Frankenreich und seinen Randgebieten empfing entscheidende Impulse.
Die Benediktusregel vorbereitend, sie sich schon teilweise aneignend — Columban suchte Kontakt mit Papst Gregor dem Großen —, schufen die Irenmissionare das Fundament für die großen Abteien auf dem Lande, im bäuerlichen Lebensraum, nicht mehr im Bannkreis einer spätantiken Stadt. Abgeschieden vom Treiben der Welt, suchten die Frommen entsagend und betend ihr unvergängliches Erbe; das Kloster wurde ihnen zum Paradies auf Erden.[25] Wald und Wasser schützten sie vor Zerstreuung. Berg, Höhle, Insel ersetzten ihnen die Wüste. Gleichgesinnte duldeten einander. Die Glokke rief zum gemeinsamen Gotteslob.
Ferner: jene Seelsorger sprachen die Menschen an als Individuen, nicht so sehr als Kollektivwesen. Die Praxis der privaten, der Ohren-Beichte, der innerhalb der eigenen vier Wände zu verrichtenden Buße ersetzte das öffentliche Schuldbekenntnis und den zeitweiligen öffentlichen Ausschluß aus der Kirchengemeinschaft, die mittlerweile ja auch eine staatliche geworden war. Die alte Strafe, keine Waffen tragen zu dürfen, hätte die politische und militärische Verwaltung weitgehend lahmgelegt. Andererseits wurde nun das persönliche Gewissen von der Kollektivmoral in etwa gelöst, ausgebildet, aufgerufen und mit Verantwortung betraut.[26]
Die Spuren pilgernder Iren prägten sich ab auf Odilias Lebensweg.[27]

Odilia, Adalrics Tochter (* vor 660, † 13. 12. ≈ 720)

Wer war Odilia?

Der Name — in entsprechender Form für Männer U(da)lrich, Adalric(h) — weist sie als Adelige aus, als Besitzerin oder Verwalterin des odals, des Erbgutes ihrer Familie.

Fest steht, daß sie den Konvent auf Hohenburg (Odilienberg) mitbegründet hat. Wahrscheinlich geschah dies im letzten Viertel des 7. Jahrhunderts, durch Anregung und Schenkung ihres Vaters, des Herzogs Adalric. »Streng genommen paßt die ganze authentische Geschichte in zwei Zeilen.« So lautete bis vor kurzem das einhellige Urteil der namhaften Historiker in den letzten hundert Jahren.[28] Denn zeitgenössische Überlieferung im geschriebenen Wort oder als Bildwerk fehlt.

Überzeugend von Odilia kündet ein sehr altes Denkmal: die Tatsache, daß die Grabstätte ihres Leibes auf Hohenburg nachweislich seit der Karolingerzeit bis zu dieser Stunde verehrt, einmal jedoch entweiht worden ist.[29] Auch ihr Kloster erstand in veränderter Form nach den Brüchen während der Reformation und Revolution zweimal neu aus Zerstörung und Verfall.[30]

Über Länder- und Konfessionsschranken hinweg begreift sich der Mensch immer wieder als homo viator. Er vernimmt den Anruf, aus seiner Begrenztheit aufzubrechen. Am Heiligen Grab, an den Gräbern der Heiligen, fühlte man sich den in die Seligkeit Vorausgegangenen, den himmlischen Fürsprechern so nah, als auf Erden irgend möglich.[31]

»Vor allem die Einbeziehung der Toten in den Tätigkeitskreis des Lebens hat den Menschen zum

Kulturwesen geadelt, ihn über Nahrungstrieb und Profitgier hinausgeführt. In aller Vergangenheit hatte sich das auf Zukunft gerichtete Wollen der Gegenwart mit der Berufung auf Herkunft gewappnet. Die übergroße Mehrheit der Toten war die Instanz, vor der alles Gegenwärtige und Künftige sich auszuweisen hatte«.[32]

II. Die Vita Odiliae antiquissima

Ihre Geschichte

Die älteste Vita der hl. Odilia verfaßte ein anonymer Kleriker auf Hohenburg um die Mitte des 9. Jahrhunderts.

Dank ihrer Beliebtheit und Wirkmächtigkeit ergoß sie sich in zahlreiche Abschriften; Pfisters Edition nennt an die 40, Levisons doppelt so viel.[1] Sie sickerte in Querverbindungen, breitete sich aus, wurde ergänzt, verändert, umgedeutet.

Im späten Mittelalter sang das Volk im Lied vom todgeweihten Kind, seiner Rettung aus dem Wasser durch einen barmherzigen Müller, von der Elternsuche des heranwachsenden Mädchens und seiner dankbaren Liebe, die stärker war als die Hölle.[2]

Die Barockzeit produzierte Überschwang und gab arg ungeschützt Dichtung für Wahrheit aus.[3] Worauf ein skeptischer Geist im ernüchterten 19. Jahrhundert die gesamte Odilien-Tradition verwarf. Er zerschlug nicht nur die Luftgebilde, sondern schleifte auch die Grundmauern. Die Elsässer empörten sich[4].

Aus dem Trümmerfeld barg der Straßburger Professor Christian Pfister vorsichtig und gewissenhaft brauchbare Reste. Er legte das Fundament für zukünftige Forschung. In den Analecta Bollandiana besorgte er 1894 eine gültige Edition der Vita, mit sorgfältig erarbeitetem Apparat. Sein Text stützt sich auf das St. Galler Manuskript. Pfister mutmaßte, der in den Casus Sancti Galli geschilderte Mönch Victor — bewegten Lebenslaufs — im 10. Jahrhundert sei der Autor.[5]

Die Übersetzung ins Deutsche fertigte zuletzt 1902 in der Erzabtei St. Ottilien (bei Geltendorf vor München) der Benediktinermönch P. Cyrill Wehrmeister. Etwas gekürzt nahm sie der Straßburger Professor Medard Barth auf, in seinem unschätzbaren zweibändigen Standardwerk »Die Heilige Odilia / Ihr Kult in Volk und Kirche« vom Jahr 1938.
Diese Version wiederum auf Französisch finden wir in Carmen Riffenachs Bildband »Odile d'Alsace«, 1985.
Wehrmeisters kleines, aber gehaltvolles Werk — Barth und Pfister nahmen es lobend zur Kenntnis[6] — ist kaum mehr greifbar. Einen Abriß, auf neueren Stand gebracht und hübsch gestaltet, bot das »Ottilien-Büchlein« v. P. Marianus Kubiak, das die Erzabtei St. Ottilien 1955 herausgab.
Es lockte die Aufgabe, nach drei Generationen die alte Vita ein zweites Mal vorzustellen. Unsere Übersetzung folgt der »klassischen« Edition von Wilhelm Levison in den Scriptores rerum Merovingicarum t. VI aus dem Jahre 1913. Dieser Gelehrte legt das Berner Manuskript vom Kloster St. Symphorianus in Metz zugrunde; es weicht wortweise geringfügig von der St. Galler Handschrift ab. Schon beginnt eine vorsichtige Korrektur an Pfisters Datierungen.[7]
Um es vorwegzunehmen, es mag sich lohnen, die Vita zu rehabilitieren. Denn in der Geschichtswissenschaft steht sie — sofern überhaupt notiert — zunächst gar nicht hoch im Kurs. Sie fehlt in Verzeichnissen einschlägiger Literatur.[8] Levison nennt ihren ersten Teil treffend, doch abwertend, ein »märchen«, und warnt davor, dem Autor allzuviel Glauben zu schenken.[9] Der Münchner Historiker Friedrich Prinz übernimmt dieses Verdikt wörtlich,

»da die Vita erst verhältnismäßig spät (10. Jahrh.) die Traditionen des Klosters zusammenfaßte.«
František Graus, Prag, hält den Anonymus für einen Stümper, der sich in den unterschiedlichen Überlieferungssträngen verheddert habe.[10]
Zuweilen hören wir Positives.
Franz Vollmer, Mitarbeiter Gert Tellenbachs in Freiburg, attestiert 1957 der Vita »große Glaubwürdigkeit«, »zumal keine ihrer Angaben mit sonst gesicherten Zeugnissen im Widerspruch steht.«
Suzanne F. Wemple, vorzüglich informierte amerikanische Historikerin, kennt die Vita und würdigt sie in ihrem Buch »Women in Frankish Society«, Philadelphia, 1981.
Erst recht schätzt sie André-Marcel Burg, der hochverdiente ehemalige Conservateur der Bibliothek von Hagenau: »La Vita de sainte Odile en particulier sera donc pour nous une nouvelle source d'indices«, in: »Le duché d'Alsace au temps de sainte Odile«, Paris 1987.[11]
Mehr und mehr erschließt sich heute die Bedeutung der Legende als Geschichtsquelle. Seit dem 2. Weltkrieg wächst das Verständnis für diese einst im Mittelalter dominierende, danach weitgehend in Mißkredit geratene Literaturform. Man entdeckt »Viten als Quellen für die Ideenwelt ihrer Zeit«.[12]
Die moderne Erzählforschung öffnet neue Zugänge. Mit sprachwissenschaftlichen Methoden läßt sich manche Verhärtung der alten Texte lösen.

... ihr Ort und ihre Zeit

Genaue Ortskenntnis räumt auch scharfäugige Kritik dem im übrigen unbekannten und ungenannten

Verfasser ein. Er weiß, wovon er schreibt, wenn er die Schauplätze des Geschehens auf Hohenburg schildert. Man könnte schließen, er sei in der Gegend einheimisch gewesen.[13]

Etwa 130 Jahre nach dem Tode der Heiligen[14] sammelte, sichtete und gestaltete er die Überlieferung. Durch vier, fünf Generationen erhält sich — heute noch — mündliche Tradition in einer festgefügten Familie. Wieviel mehr damals, als das gesprochene Wort ein Volk zusammenhielt, nicht der Buchstabe in Gesetz oder Urkunde! Zudem erzählte der Berg selbst ständig von Odilias Wirken: Hier hatte sie Kloster und Kirche gebaut, Grabstätten bereitet, Wege zurückgelegt. Jene Höhle barg sie, als sie mit Gott um die Seele ihres Vaters rang. Auf diesem Felsen, den »heute ein Kreuz bezeichnet«, lag sie beim nächtlichen Gebet. Dort unten im freundlichen Tal begründete sie die fromme Gastlichkeit von Niedermünster, pflanzte sie drei Linden, die prächtig gediehen sind und von ihrer Offenheit, ihrem Weitblick, ihrer Zuversicht künden.

Häufig und ausdrücklich bemüht sich der Autor, das Einst mit dem Jetzt, die Vergangenheit mit seiner Gegenwart, die historische Zeit mit der Erzählzeit zu verknüpfen.

Die beiden Ebenen, späte Merowingerzeit und Mitte des 9. Jahrhunderts, glichen einander; kein Wunder, daß vor dem Blick des Betrachters die Grenzen verfließen. Schlachtenlärm ist verhallt. Eine agrarische Gesellschaft festigt sich. Pilger reisen in Sicherheit. Klöster blühen auf, fördern friedliche Kulturarbeit.[15]

Odilia kann es sich leisten, einen Frauenkonvent in ungeschützter Ebene anzusiedeln, weil ihre Nonnen die heitere Landschaft vorziehen. Sie bietet

mehr Bequemlichkeit, vor allem frisches Wasser in Fülle.
So bleibt es für 200 Jahre. Dann verheeren Wikinger den Norden, Sarazenen die Mittelmeerküste, Ungarn die Mitte und den Süden des ausgedehnten Frankenreiches. Die Steppenreiter zerstören, verbrennen um 911 Niedermünster. Die Hohenburg dürfte standgehalten haben.[16]
Von solchen Katastrophen schweigt unsere Vita. Der Autor kennt Krieg vom Hörensagen.
Nicht zufällig schrieb, etwa gleichzeitig mit ihm, der gelehrte Rudolf von Fulda für die junge fürstliche Äbtissin der Kanonissen von Gandersheim das »Leben der hl. Leoba« mit recht lebensnahen Klostergeschichten, die allesamt vor dem Hintergrund fraglos friedlicher, stabiler politischer Verhältnisse spielen.[17]
Rudolf von Fulda hat seinen Stoff im Griff. Dem anonymen Kleriker auf Hohenburg lassen sich Widersprüche nachweisen. War sein Publikum, gleichfalls vornehme Kanonissen, dafür taub?

Anachronismen

Im Hinblick auf chronologische Abfolge mutet er heutiger Hörerschaft einiges zu. Gelegentlich kehrt er die uns geläufige Ordnung um. Doch dem mittelalterlichen Denker erscheinen die Ereignisse sub specie aeternitatis nicht als Nacheinander, sondern als Mit- und Nebeneinander. Er sieht wie vom Berggipfel auf eine Landschaft. Da ändert sich die Perspektive. Entfernungen schrumpfen. Der Blick umfaßt das Ganze. Die Sprache indessen benennt Einzelheiten, die sie gemäß ihrer Wichtigkeit ausgewählt hat: eine nach der anderen.

Wir sind dieses Verfahren in der bildenden Kunst eher gewöhnt. Fassen wir zum Beispiel eine Szene auf den Glasgemälden des Klosters Königsfelden ins Auge (Fenster 10): Da tritt mit Wasserkrug und einem Kamm so groß wie eine Säge die hl. Verena von Zurzach als Geburtshelferin ans Wochenbett der Mutter Anna, während die neonata Maria in der Gestalt eines etwa vierjährigen Mädchens ihr erstes Bad bekommt.[18]
Aus der Vita Odiliae greifen wir vier anachronistische Episoden heraus:

1. Klostergründung auf Hohenburg (c. 1)

Der fromme und gerechte Herzog Adalric sucht eine Stätte zur Klostergründung und wird zum heiligen Ort geführt. Sogleich errichtet er dort Kirche und Konventsgebäude. — Danach folgt die Erzählung von der Geburt seiner behinderten Tochter und dem resultierenden Familiendrama (c. 2).
Man zweifelt, daß der offenkundig ortsfremde Fürst von vornherein und als erstes ein frommes Vorhaben realisieren wollte.[19] Die strategisch hervorragende Höhe erkor er zur Burganlage, vorhandenes Baumaterial nutzend. Auf Klostergedanken kam er vielleicht so um 680, als im Verlauf seiner politischen Karriere die eine oder andere zwielichtige Aktion auf sein Gewissen drückte.[20]
Der sagenhafte stilisierte Auftakt kündigt an: Gottes Fügung, Ursprung allen Geschehens, lenkt des Herzogs Sinn zum vorherbestimmten Ziel. Bewußt oder unbewußt, der Mensch spielt mit.

Blieb die Herzogstochter wirklich jahrelang ein Heidenkind?[21] Es erstaunt, daß die Nonnen im fortschrittlichen christlichen Burgund duldeten, wie in ihrer Mitte ein Sproß der befreundeten Adelssippe von der Teilnahme am religiösen Leben ausgeschlossen war. Oder führte das Kleinkind mit seiner Amme ein Aschenbrödeldasein am Rand der Kommunität, eben nur das Leben fristend? Darauf schließen ließe die Dringlichkeit, mit der jener eigens zugereiste Bischof Erhard die Klosterfrauen an ihre Erziehungsaufgabe und Sorgfaltspflicht erinnerte.
Aus dem germanischen Rechtsbrauch erklärt sich, daß der Vater, wenn er seinem Neugeborenen »legitim« das Todesurteil verhängte, weder Milch oder Honig zur Speise noch Wasser zum Bad gewähren durfte. Nahrungsaufnahme und Reinigung galten als entscheidende erste Schritte in die Sozialisation.[22]
Aber die Mutter, Persinda? Ohne Einschränkung zeichnet sie der Autor als gütige, gottverbundene Frau. Sie sucht und findet Wege, das kranke Kind zu retten. Sollte sie auf das Wichtigste, das Seelenheil ihrer Tochter, vergessen haben?
Denn, so glaubte man nach Augustinus, die ungetauft Verstorbenen gelangten nicht zur ewigen Seligkeit. Deshalb spendete die Kirchenpraxis — bis zur Schwelle des 20. Jahrhunderts — wegen der hohen Mortalitätsrate dem Säugling in der Regel das Sakrament am ersten Lebenstag. Im frühen Mittelalter wurde das Taufbad nach altchristlicher Sitte durch Untertauchen vollzogen.[23]

Die Tatsache, daß sich Odilias Taufe verzögerte, sieht der Anonymus als entscheidend an; mochte der Aufschub zwei oder zwölf Jahre währen.

3. Festlegung auf die Kanonissenregel (c. 16)

Das Bestreben, die auf Hohenburg seit dem 9. Jahrhundert geltende Kanonissenregel durch die Autorität der Heiligen zu legitimieren, zwingt zur Rückverlegung dieses Beschlusses um einige Generationen.[24]

Übrigens ist die beschriebene »Wahl« nach unserem Verständnis unecht (Hobson's choice). Denn Odilia, längst im klaren über den einzuschlagenden Weg, setzt ihre eigene Entscheidung durch.

4. Trauer um Herzog Adalberts Tod (c. 24)

Als störender Fremdkörper steckt dies düstere Kapitel zwischen einem erbaulich-didaktischen Text und der freundlichen Episode der Weinvermehrung.

Die Rede war von der Einweisung dreier Nichten der Äbtissin in das asketische Leben der gottgeweihten Frauen (c. 19). Nun fährt die Vita fort, daß »den Bruder«, vermutlich den genannten Herzog Adalbert[25], — ein Bediensteter des Klosters tötete. Odilia und ihr Konvent trauern sehr und beten um rächende Strafe.[26]

Sie werden erhört.

Aber aus der Honauer Urkunde wissen wir, daß Adalbert noch im Juni 722 (723) lebte.[27] Odilia dagegen starb am 13. Dezember spätestens 721.[28] Sie

konnte sich über den Todesfall weder betrübt noch erzürnt haben.
Wieso geriet der harte Brocken, der sowohl dem Regierungsstil als auch der Regierungszeit der Heiligen widerspricht, in ihre Vita? Halten wir die Frage als Provokation fest. Eine Lösung soll sich aus später zu erörterndem Zusammenhang entwickeln.

Vorsicht — Pseudo-Anachronismus!

Dem in einer nicht zeitgenössischen Vita vermerkten Sachverhalt nähere man sich also in gebotener Achtsamkeit. Man rechne damit, ihn umzudeuten, aus noch dunklem, wenig bekanntem Kontext zu erschließen.
Hat man sich aber mit Mißtrauen gewappnet, darf man trotzdem nicht durchwegs verdächtigen und zweifeln. Gelegentlich behauptet sich an unerwarteter Stelle eine überraschend präzise, »richtige« Angabe, wo man früher eine Prothese bzw. Amputation verordnete.
So auch bei unserem Text c. 4.
Noch Barths gründliche Untersuchung lehnte es ab, den in der Vita bezeichneten Bishof Erhard aus Regensburg wirklich für den Täufer der Odilia zu halten. Jener nur schattenhaft umrissene irische Wanderbischof sei zwar in Regensburg begraben, gehöre jedoch einem späteren Jahrhundert an. Der Autor habe ihn verwechselt mit dem namensgleichen Abt von Ebersmünster, dessen Hilfeleistung für die Etichonentochter doch um so viel näher läge.[29]
Heute weiß man Genaueres. Neuere, auch archäologische Forschungen bestätigen Erhard von Re-

gensburg als Adalrics Landsmann, Zeit- und Standesgenossen.[30] Fränkischer Missionar, wirkte er etwa 680 bis 690 hochangesehen in der bayrischen Herzogsstadt. Die Untersuchung seines Grabes in Niedermünster brachte das Skelett eines vielleicht 70jährigen Mannes zutage, von »mediterranem Typ«.[31] Erhard war durch Herkunft und früheres Wirken den Etichonen ebenso verbunden wie den Agilolfingern. Kein Wunder, daß der burgundische Nachrichtendienst funktionierte (zwischen Persinda — Leudegar?[32]) und im schwierigen Fall der verstoßenen Blinden den befreundeten Bischof, Seelsorger und Arzt, als Consiliarius beizog. Kraft seiner Autorität konnte er die soziale Ächtung bannen, sogar dem starrköpfigen Herzog ins Gewissen reden.[33]

Jenseits der »Zeitmauer«

Fazit: Der mittelalterliche Hagiograph liefert kein Lehrbuch für Geschichte. Historische Tatsachen dienen ihm als Bauelemente; um ihrer selbst willen werden sie nicht dargestellt. Das verschiebt die uns gewohnten Proportionen.

Nüchtern nach dem Erwachen aus der Aufklärungs-Euphorie, weiß der Historiker heute, »daß die Geschichtswissenschaft weithin nur mit Annäherungswerten arbeitet und arbeiten kann.«[34]

Jedes Medium filtert die Wirklichkeit auf seine spezielle Art.

»Die Biographie (bzw. der biographische Roman) wählt Abschnitte aus dem Leben aus, die sie durch Handlungen charakterisiert. ... Die Legende schildert das ganze Leben, nötigt aber durch Einstreuungen von Ermahnungen und Wunderberichten ..., die eigentliche Biographie des Heiligen erst zu rekonstruieren ...«[35]

»Die Helden der Hagiographie werden daher nicht primär als historische Persönlichkeiten beschrieben, sondern im Sinne der traditionellen hagiographischen Typologie als vom Himmel begnadete Künder der Unüberwindlichkeit christlicher Tugenden, der Kraft des Glaubens, und der Macht Gottes ...«[36]

Die Autoren wissen ihre Heiligen der Zeitlichkeit enthoben. Aus diesem Grund bedeutet ihnen chronologisches Ordnen wenig. Auf Jahreszahlen kann verzichtet werden. Oft halten sie nur ein einziges »fixierbares« Datum mit Sicherheit fest: den Todestag als Geburtstag zum ewigen Leben.

Ja, die Unschärfe adverbialer Verknüpfungen, wie *deinde, eodem tempore, per idem tempus,* wird absichtlich als Stilmittel zur Verfremdung eingesetzt, um den »Wundertäter über die Geschichte« zu erheben und »das Wunderbare in wunderbarer Ferne« zu bannen. »Für die Geschichtsschreibung ist die Zeitenfolge ein substantielles Element, für die Biographie ein Akzidens.«[37]

Das Erdenleben des Menschen erscheint dem Zeitgenossen als Wanderweg von Station zu Station in einer Welt, worin Naturgesetze gelten.

Der Hagiograph aber sieht den Seligen, der die »Ewige Stadt« erreicht hat. Dort, im Ziel, »brennt der Dornbusch, ohne zu verbrennen«, haben die Parzen keine Macht mehr, und »die Schere schneidet nicht«.[38]

Stil und Form

Das hagiographische Schema

Die Intention macht sich den Stoff gefügig, der Inhalt bedingt die Form. Das Bild verdichtet sich zum Vorbild. Das Ideal überdauert die Zeit, denn es hat teil an der Ewigkeit Gottes. Im höchsten Sein sind Wandel und Werden aufgehoben. Darum liegt den mittelalterlichen Viten ein statisches Prinzip zugrunde. Der Heilige tritt als Erwählter in die Welt. Er verläßt sie, im Inneren unbeschädigt, ja, durch Verdienste gereift, nachdem er seine Aufgabe vollbracht hat. Durch den Tod kehrt er heim, geht hinüber ins wahre Leben.[39]

Prüfungen ziehen vorüber wie Gewölk. »Daß die Dämonen zwar Schmerz zufügen, doch bezwungen werden, steht als Gleichnis dafür, daß sie an sich machtlos sind. Sie werden als Phantome entlarvt.«[40] Persönlich-private Züge vermerkt der Hagiograph nur beiläufig; nirgends stehen sie für sich selbst. Wir müssen sie aufspüren und zu einem Portrait nach unserem Verständnis ergänzen. »Individualität« nämlich »war nicht etwa nur unerwünscht, sondern von Rechts wegen undenkbar und unmöglich.«[41] »Die Starrheit des Typus«, meinte Graus, verhindere darum das Entstehen eines Kunstwerks. »Es ist das Genre als solches, das hindert.«[42] Das stimmt so nicht. Natürlich prägt ein recht strenges Schema den Text; aber die Auswahl der überkommenen Mittel, die Variation beim Gebrauch der Versatzstücke, auch beredtes Schweigen, sogar Abweichen und Widerspruch zur Tradition erlauben künstlerische Freiheit, verändern, markieren epochenweise neue Leitlinien.[43]

In der Vita Odiliae läßt sich verfolgen, wie sich Züge des christlichen Heiligenbildes mit den geänderten Umständen auflösen, wie sie verschwimmen und wie Neues hervortritt.
Der Urtyp des Martyrers (Lotter) wandelt sich zum Asketen; die Asketin nimmt — charakteristisch für das germanische Frühmittelalter (Graus) — die Gestalt der Äbtissin aus dem Fürstenstande an und repräsentiert das geltende Adelsethos, die spezifische Sippenheiligkeit (Prinz).[44]
Die beiden früheren Entwicklungsstadien kommen noch zu Wort. Aber sie passen nicht mehr zur Gesamtkomposition, klingen hohl. Als Artefakten sind sie stehengeblieben.
»Heiligenleben« und »Legende« werden häufig als Synonyme gebraucht.[45] Doch möchte ich für die Vita antiquissima nur den ersten Begriff verwenden. Er steht näher bei der »Biographie« und etwas weiter weg von der »Art religiöser Heldensage«, wie Lüthi die »Legende« definiert.[46] Vom Übernatürlichen und Wunderbaren wird nicht einfach gedichtet bzw. fabuliert. Das »Heiligenleben« hat weit mehr als volkstümlichen Unterhaltungswert.

Architektur der Vita

Aus Glaubenskraft und wissenschaftlichem Optimismus des Barock wuchs die große, sich stets regenerierende Leistung der Acta Sanctorum sowie der Acta Sanctorum Ordinis S. Benedicti.
Bei der Edition der Vita Odiliae antiquissima 1672 gliederte Jean Mabillon den Text in 23 Kapitel; diese Anordnung behielten Pfister und Levison bei.

Erinnerte sich der gelehrte Mönch an die ideale Symbolzahl 46, wie sie der umfangreichen Vita Severini zugrunde liegt?[47]

Im vergleichsweise kurzen Werk unseres Hagiographen schafft die ausgewogene Balance, das Gleichgewicht der Teile, den Eindruck harmonischer Ruhe.

Der Vorgeschichte, wie Gott den Adalric zu seinem Berge führt, entspricht der Ausklang über die Bestattung der Heiligen dortselbst und das Strahlen ihrer virtus aus der Ewigkeit. Hebt die historische Eingrenzung mit dem ersten Satz konkret an — »Temporibus igitur Childerici imperatoris« —, so kündet der Schluß von einem neuen Äon: »vitam in melius mutavit Idus Decembris, regnante Domino nostro Iesu Christo, cui est cum Patre et Spiritu sancto laus, honor et potestas per omnia secula seculorum« (c. 1, c. 23).

Hier Geburt, dort Tod der Odilia (c. 2, c. 22) folgen in symmetrischen Kapiteln, ungefähr gleich an Umfang und innerer Spannung.

Von Milch — in der Kindheit —, vom Wein — im Alter — ist die Rede im dritten und drittletzten Abschnitt (c. 3, c. 21).

Dann verzweigen sich die Stränge, um sich in der Mitte, dem 12. Kapitel (von vorn und rückwärts gezählt), zu treffen und eine Achse zu flechten. Hier wendet sich Odilias Schicksal. In gleicher Entfernung von der Geburt wie vom Tod bündelt dieser Knotenpunkt die zu- und auslaufenden Lebenslinien.

Schon dem Herausgeber Pfister fiel auf, daß sich der Text beidseits seiner Mitte aus zwei Teilstücken zusammensetzt, die unterschiedlichen literarischen Gattungen angehören. Er nannte sie »chanson de geste« und »document hagiographe«.[48] Wir werden sie als Sage und Märchen hier — als hagiographischen Teil dort — an eigener Stelle erörtern. Dabei gibt es keinen glatten Schnitt: Stilelemente wechseln von einem zum anderen. Persinda und, kürzer, Adalric bekommen ihren Tugendkatalog mitgeliefert (c. 2, c. 1); das Familiendrama bebt noch im 20. Kapitel nach.

Aber unleugbar bestimmen zweierlei Bewegungen die Komposition der Hälften: Steigerung zu den Krisen im Entwicklungsmärchen — Aneinanderreihung in sich abgeschlossener Szenen auf *einer* Ebene beim hagiographischen Teil.

Da wurde aus dem überlieferten Stoff ein fast tragisches Schauspiel gedichtet — drüben verwob der Autor Klostertradition und neue Erfordernisse in der Art eines Bilderteppichs.[49]

Sprechsituation, Sprache, Autor, Adressaten

Der Verfasser, »un lettré«, wendet sich an gebildete Stiftsdamen.[50]

Nach den blutigen Turbulenzen der fränkischen Landnahme hat sich eine humane, ländlich-aristokratische Gesellschaft konsolidiert. Man geht anders miteinander um als zu Adalrics Zeiten. Die Vita will erbauen, belehren, erinnern, auch mahnen und — nicht zuletzt — unterhalten.

Die Karolingische Reform hat das frühmittelalterliche Latein geglättet und geschliffen. Die Satzkonstruktion folgt den gängigen Regeln. Normalität zeugt von Sicherheit. Man versteht und verständigt sich ohne besondere Mühe.[51]

Die Sprache ist durchdrungen von der Diktion der Vulgata. Wir hören die wörtlichen Zitate aus Evangelien und Apostelbriefen. Literarische Formeln der christlichen Spätantike klingen an, geprägt von Juvencus, Gregor, Isidor von Sevilla, den Mönchsvätern, der Regula Sancti Benedicti. Eingestreute Gebete und fromme Anmutungen dienen der speziellen klösterlichen Didaktik.[52]

Begründung und Folge

Der Autor betont die zeitlich-kausale Verknüpfung der heilsgeschichtlichen Ereignisse.

Der erste Satz fängt an mit dem sallustischen »Temporibus *igitur*«[53]; kaum einer in der Folge entbehrt »Wendungen, welche die relative Zeitstellung kennzeichnen, ... wie: Post haec — Accidit etiam — ... Interea tempus evenerat — tunc ... tunc vero.«[54]

Teilt sich hier eine archaïsche Schau mit vom Zustand vor jedem Geschehen, wo Bewegung und Weg, Ursache und Wirkung, Zeitlosigkeit und Zeit noch nicht auseinandertraten?[55]

Eigennamen

»Über vornehme Herkunft spricht man unter Christen nicht«.[56] Das gilt für Eugipps Vita Severini und die Martinsvita des Sulpicius Severus.

Die bekehrten Germanen sehen das anders. Seit Chlodwigs Taufe ist die »Einstellung ... zur weltlichen Macht im Grunde genommen positiv ..., selbst wenn im einzelnen ein schlechter König oder Adeliger vorkommen mag.« Man nimmt in der merowingischen Hagiographie wahr, »daß politischen und familiären Beziehungen des Heiligen zum König … ein unverhältnismäßig breiter Platz eingeräumt wird.«[57]

Auch unser Autor verknüpft selbstverständlich Odilias Ahnenschaft durch die hohen Ämter mit dem Königshof. Er rühmt den Adel beider Elternfamilien. An dieser Stelle überwindet er die sonst auffällige Zurückhaltung, Namen zu nennen.

Die fehlen nämlich auf weite Strecken.

Gern wüßten wir, wie die mildherzige Amme hieß, die sich so vorbehaltlos dem Dienst an der Verstoßenen gewidmet hatte. Gott verherrlichte sie wegen ihrer Liebestat — trotzdem bleibt sie im anonymen Dunkel.

Derselbe Mangel beim liebenswürdigen jungen Herzogssohn. Er muß für Odilia das Blutopfer bringen. Seinen Namen erfahren wir erst nach 700 Jahren.[58]

Vater und Mutter werden ein einziges Mal als Adalric und Persinda eingeführt.

Im übrigen kennzeichnet die Menschen ihr Platz im sozialen bzw. familiären Verbund: dominus, domina, dux, famula, ancilla, unus ex servitoribus; moniales, Dei famulus; pater, mater, frater, soror, sowie in der Klostergemeinschaft matres und sorores. Jugendlichen genügt das Wort für die Entwicklungsstufe: puer, adolescens; puella, dann virgo.

Nur fünfmal in der gesamten Vita stoßen wir auf den Namen »Odilia«. Ebenso oft erscheint in einem einzigen Kapitel der Name Johannes des Täufers.

Zwei ausdrücklich genannte Märtyrer stehen am Beginn und am Ende des »Lebens«: Leudegar, der Verwandte mütterlicherseits, Lucia, die Sterbepatronin und Seelenfreundin. Daß beide, der Bischof tatsächlich, die Jungfrau der Legende nach, ihres Augenlichts beraubt wurden, daß also Blindheit sie mit Odilias persönlichem Schicksal verbindet, erwähnt der Autor — das mag überraschen — nicht.

Pronomina

Statt der Namen wimmelt es von Pronomina unterschiedlicher Stärke. Das verwirrt. Nicht immer springt ins Auge, von wem die Rede ist. Diese Sprechweise formt Gesten aus: »Da wird ständig hierhin und dorthin gezeigt, ... »mit Händen und Füßen« erzählt«, eben ›demonstriert‹.[59]
Eine weitere Stileigentümlichkeit bildet sich in der Übergangsepoche zum lateinischen Mittelalter: die zeremonielle Titulatur samt unvermittelt einsetzendem und auch wieder zurückgenommenem Plural reverentiae in der wörtlichen Rede. Für damals »ist das Nebeneinander von Duzen und Ihrzen charakteristisch«.[60] Wendungen wie »vestra (sua) almitas/nobilitas/sanctitas/fraternitas/paternitas betonen die respektvolle Distanz zum Höhergestellten; nach seinem Gefallen oder Belieben — also dem Muß und Soll entrückt — läßt sich dieser zum Bittsteller herab. Das diplomatische Protokoll und alte Institutionen, so Kirche und Universität, wahren innerhalb ihrer Kreise solche Höflichkeitsformeln bis heute (Ew. Exzellenz, Paternität, Magnifizenz).

Eine gewisse Redundanz im Gebrauch der Verben zählt gleicherweise zu den Merkmalen literarischer Tradition aus der Merowingerzeit. Auf uns wirkt sie gestelzt, umständlich, leicht komisch. Damals aber liebte man Periphrasen, empfand geschliffene klassische Kürze als beleidigend. Für das prägnante »Tu nos — te autem Deus«, das ein verurteilter Christ dem römischen Prokonsul zuwirft, gab's schon im dritten Jahrhundert Prügel.[61]

Der deutsche Satz dreht sich um sein Tätigkeitswort. Besser als eins gefallen unserem Hagiographen zwei; »semantische Bedeutung« haben die Füllsel nicht.[62] Aber sie evozieren die aus der Bibel vertrauten Kadenzen, dienen der Dekoration — und bieten dem Redner als Leerformeln gedankliche Rastplätze.

Ein einziges Mal erlaubt sich die Vita einen Infinitiv als Prädikat, wie das im Merowingerlatein eingerissen war (c. 22, S. 49, Z. 21: »rogavere«), sonst werden gewissenhaft und korrekt nach Alkuins Schulung Konjugation, Tempus und Modus ausgearbeitet.

Der Wechsel von historischem Präsens und Imperfekt modelliert den Zeithintergrund. In den vielen Satzgefügen sitzen die Konjunktive richtig, auch wieder regelmäßig schattiert als Präsens, Imperfekt, Plusquamperfekt, je nachdem es die Situation erheischt.[63]

Lange Perioden herrschen vor. Partizipialkonstruktionen, absolute Ablative anstelle von Nebensätzen weisen den Schreiber als sprachkundigen Professionellen aus, seine Adressatinnen als gebildet und fähig, einem anspruchsvoll formulierten Gedanken-

gang zu folgen. Die häufigen Konjunktionen »ita — ut« lenken die Aufmerksamkeit auf die Folgen des genannten Verhaltens oder der Handlung, auf Ziel und Zweck des überlegten Tuns.[64]
Wahrnehmbar entwickelt sich Interaktion zwischen dem Vortragenden und seiner Zuhörerschaft.

Rhythmus, Klang

Lange Perioden, verschachtelte Kola durchweg — mit einer Ausnahme. Der kürzeste Satz im Text hat fünf Wörter. Er steht im 22. Kapitel, worin beschrieben wird, wie sich Odilia in der Johannes-Kapelle auf den Tod vorbereitet. Die Mitschwestern hat sie mit glaubhaftem Vorwand weggeschickt. »Ipsa autem inibi sola remansit« (S. 49, Z. 13). Das Unerhörte eines solchen Verhaltens dringt ins Ohr. Denn die Vita soll laut gesprochen werden. Die Stimme erst weckt Klang und Rhythmus.[65]
Zur Probe seien zwei Sätze aus dem 18. Kapitel zitiert (S. 47, Z. 14–21). Sie erzählen, wie bei den Bauarbeiten ein Ochsengespann mitsamt der Fracht abstürzt und wie dann die Sache ausgeht:
1. »Boves namque, qui plaustrum onustum petris ad fabricam aecclesiae trahebant, ab ipso cacumine montis, quod a summo usque deorsum spacio LXX pedum vel amplius distabat, ceciderunt.«
Zwischen Subjekt und Prädikat spannt sich der Satzbogen. Symmetrisch steigt und fällt die Bewegung jeweils über einen erklärenden Relativsatz. Den Scheitelpunkt markiert der Gipfel, »cacumen montis«.
2. »Tunc homines cito per descensum illuc currentes, ut saltim eos, si quid vitale in se haberent, gla-

dio iugularent, quatenus eorum carnes vesci liceret, suffragantibus meritis sancti Baptistae, inlesos plaustrumque onustum reppererunt, rursumque eos per semitam angustam, quae vix equis pervia est, sursum ascendere plaustrum trahendo ad praedictum opus fecerunt.«

Beruhigend. Nach der schrillen Hektik, die uns die spitzen i-Laute vermitteln, setzen sich, wunderbar unversehrt, die braven Ochsen langsamen Trotts wiederum nach oben in Bewegung. Nun geben lange, dunkle Vokale den Ton an.

Latein und Volkssprache

Die Niederschrift bemüht sich, die Phonetik korrekt wiederzugeben.

Manchmal verschleifen ti zu ci [tz]: miliciae (S. 41, Z. 4), accione (S. 42, Z. 27), plumacio (S. 44, Z. 24), spacium (S. 47, Z. 5), nunciavit (S. 48, Z. 31).

Vorsilben kürzen m zu n bei nachfolgendem Konsonanten: inminere, inplentibus, conpleta (S. 49, Z. 7, 14, 16).

Anlautendes h verstummt: actenus (S. 50, Z. 5)

Das Französische ist im Werden.

Wenn Pfisters Kommentar in seiner Edition zutrifft, dann entzückt das *eine* Dialektwort in der Vita (c. 21, S. 48, Z. 30) »vas vinarium… quod secundum idioma Galliensium wogin vocatur,« nicht nur den Sprachforscher, sondern jeden Verantwortlichen, der sich um eine Haushaltskasse kümmern muß. Das zugrundeliegende keltische *vuogin* heißt Ledersack und wird, so vermerkt Wehrmeister, »auf jeden vollen, runden Gegenstand angewendet.« *Vuogin* liefert die Variationen *buogin, bulga.* Finanzpolitiker kennen die heute gängige Form als — hoffentliches pralles — *budget*.[66]

Die Übersetzung ins Deutsche

Sie beruft sich auf den Text, den Levison edierte. Beigezogen wurde auch die etwas ältere, von Pfister besorgte Ausgabe. Die Zitate geben die Stelle (Seitenzahl) in den SS rer Merov. t. VI an.

Zwei Wege standen offen.

Man konnte das langatmige, pompöse Latein sozusagen kleinhäckseln, mit dem Geist unserer Zeit versetzen und daraus ein Gebräu destillieren, das dem Geschmack der Postmoderne entspricht.

Oder man behielt den Tonfall, die Sprachebene, die Wortwahl nach Möglichkeit bei und übertrug dies ins Deutsche. Dies Verfahren erschien schließlich richtig, weil angemessen.

Die allerdings zunächst befremdende Form schafft Abstand. Sie nötigt den Leser, sich in einen anderen Zeitraum zu versetzen.

Man lasse sich, so vorgewarnt, ein auf die im folgenden zugemutete Konfrontation.

III. Übersetzung der Vita

In Christi Namen.

Es beginnt das Leben der heiligen Jungfrau Odilia.

(1).

In den Zeiten der Regierung Childerichs[1] geschah es, da lebte ein berühmter Herzog namens Adalrich, mit anderem Namen auch Etich geheißen; er war Sproß eines hochadeligen Geschlechts und entstammte dem gallischen Lande.
In der Tat war sein Vater Liuther[2] im Palast des besagten Herrschers zur Würde des Hausmeiers erhoben worden.
Sein Sohn nun war gerecht und wollte, obgleich im Laienkleid, ein gottgeweihtes Leben führen.[3]
So überlegte er, unterm Anhauch göttlicher Gnade, wie er einen passenden Ort bereite, um Gott zu dienen, und daher eröffnete er das Herzensgeheimnis seinen Getreuen.
Die wußten nun um ihres Herren Absicht und erfüllten auch gerne seinen Willen; deshalb wahrten sie das Geheimnis, ehe sie den lang ersehnten und gesuchten Ort kundmachten. Sie sagten nämlich, seine Jäger hätten einen Ort im hochragenden Gebirg entdeckt, der wegen der Höhe der Festungsanlagen Hohenburg hieß; der scheine ihnen geeignet, seinen Herzenswunsch zu erfüllen, wenn es Seiner verehrungswürdigen Väterlichkeit gefalle.
Der Ort soll auch einstmals in der Zeit des Königs Marcellian (Maximian) zur Befestigung und Abwehr in hereinbrechenden Kriegen angelegt worden sein.[4]

So gewährte denn der hochberühmte Mann Gottes ihrer Eröffnung die Zustimmung, reiste schnell zu jenem Ort, erforschte ihn sorgfältig und dankte Gott, daß er sich herabgelassen habe, ihm die Wohnung zu offenbaren, die so gut geeignet sei, seinen Wunsch und Willen zu erfüllen.

Und sogleich ordnete er an, dortselbst eine Kirche zu errichten sowie die übrigen Gebäude, die Christi Gefolgsleute brauchen.

(2).

Ihm verband sich zur Ehe eine würdige Gattin, hochadeligen Ahnen entstammt, namens Persinda.[5]

Wie wir nach allgemeiner Ansicht feststellen, war sie ausgezeichnet durch ihre Verwandtschaft zum heiligen Leudegar.

Obwohl durch die Ehe gebunden[6], widmete sie sich doch dem Almosengeben und den anderen Werken der Gerechtigkeit, hörte auch gerne die Heilige Schrift[7] und strebte so, Gott einen reinen Dienst zu leisten, eingedenk des Apostelwortes: »Die Verheirateten sollen so leben, als wären sie unverheiratet,« und so weiter.

Doch geschah es nach Gottes Rat, daß ihnen eine Tochter geboren wurde;[8] die war von Geburt an blind.

Als aber der Vater hörte, daß sie blind geboren sei, entsetzte er sich und sagte, ihm sei das wegen einer Missetat zugestoßen,[9] und er überlegte, sie umbringen zu lassen.

Er sagte zu seiner Gattin: »Nun erkenne ich, daß ich Gott mit etwas erzürnt habe; denn mir ist das zugestoßen, was zuvor niemanden aus meinem Geschlecht getroffen hat.« Und er befahl, sie zu töten.[10]

Die Mutter dieser Tochter gab jedoch zur Antwort: »Du mein Herr, sei nicht traurig. Ich erkenne, daß Gottes Absicht offenbar ist, weil Christus selbst seinen Jüngern, als sie ihn wegen des Blindgeborenen fragten, zur Antwort gab: ›Weder dieser hat gesündigt noch seine Eltern, sondern damit die Werke Gottes an ihm offenbar werden.‹«

Er aber wollte sich durch solche Worte nicht trösten lassen, sondern im Innersten verdroß es ihn immer mehr, daß das kleine Mädchen am Leben blieb.

Wiederum sprach er zu seiner Frau, er schäme sich sehr, daß seine Tochter der Sehkraft beraubt sei.

Und deshalb wies er sie an, jemand vom Gesinde ausfindig zu machen und ihn anzustiften, daß er das Mädchen töte oder an einen Ort bringe, wo es immer verheimlicht bliebe.[11]

(3).

Die verängstigte Mutter zögerte jedoch, dem Befehl ihres Gatten nachzukommen. Dies und jenes ging ihr durch den Sinn, und sie wußte nicht, was sie mit ihrer Tochter machen sollte. Schließlich erwog sie, es sei besser, sie in die Fremde oder in irgendein Versteck zu schicken, als absichtlich dem Tode auszuliefern.

Und sie flehte Gott inständig an, er möge ihr durch den Heiligen Geist, den Tröster der Betrübten, seinen gnädigen Ratschluß zeigen.

Hierauf kam ihr durch Gottes Gnadenhauch die Erinnerung an eine Frau, die sie von Kindheit an in ihrem Hause freundschaftlich aufgezogen hatte.

Die war ihr einst treu ergeben; doch hatte man sie damals wegen eines Vergehens aus dem Haus gewiesen.[12] Unterdessen verheiratet, besaß sie mit ihrem Gatten einen Hausstand.[13]
Die Herrin erfuhr nun, daß sie schon einen Sohn habe, und, eingedenk der früheren Freundschaft, schickte sie ihr einen Boten, sie solle schnellstens zu ihr kommen.
Die gehorchte freudig dem Befehl der Herrin und eilte zu ihr, wie es der Bote aufgetragen hatte.
Nachdem sie einander wiedergesehen hatten, erzählte ihr die Gebieterin tiefbetrübt, was ihr Herr wegen seiner Tochter angeordnet hatte.
Als aber die Dienerin selbst hörte, wieso ihre Herrin traurig war, empfand sie großes Mitleid, und sie sprach zu ihr: »Meine von Gott geliebte Herrin, gräme du dich nicht wegen deiner Tochter: Denn der Herr, der sie nach seinem Willen schuf, er hat auch die Macht, in ihr wiederherzustellen, was unvollkommen ist.
Wenn es Euch gefällt, so übergebt sie mir zum Nähren; wenn Gott will, ist es nämlich meine Sache, sie zum Vollalter zu führen.«
Daraufhin nahm die ehrwürdige Herrin getröstet das Mädchen, legte es der Magd in die Hände und sagte: »Dir geb' ich sie zum Stillen,[14] und meinem Herrn Jesus Christus empfehle ich sie.«

(4).

Freudig nahm diese das Mädchen an, kehrte nach Hause zurück und nährte es ein gutes Jahr lang, bis man in ihrer Nachbarschaft redete, wem wohl die Tochter gehöre, die sie so ehrerbietig nähre.

Die Amme aber erschrak sehr, als sie diese Worte vernahm; denn sie fürchtete, daß offenkundig werde, was sie zu verbergen trachtete. So schickte sie einen Boten und vertraute ihrer Herrin an, was man in ihrer Nachbarschaft herumschwätze.
Die aber trug ihr wiederum auf, sie solle sich heimlich an einen fremden Ort flüchten, der Palma[15] hieß, und dort mit dem Mädchen verbergen. Sie versicherte, daß sie dort eine Freundin habe,[16] die sie mit allem Notwendigen versorgen werde.
Gern gehorchte die Amme sodann dem Geheiß, kam zum bezeichneten Ort und zog in jenem Kloster das Mädchen auf, — bis der Herr einem Bischof namens Erhard aus dem Bayernland in einem Gesicht diesen Auftrag gab:
»Geh zu einem Kloster, das Palma heißt, dort wirst du ein Mädchen finden, blind von Geburt an; nimm es auf und taufe es; dabei gib ihm den Namen Odilia, und unverzüglich nach der Taufe wird es die Sehkraft erlangen.«
Der also eilte heiteren Sinnes, das ihm auferlegte Gebot zu erfüllen, kam schleunig an den genannten Ort und fand alles, wie es ihm gezeigt worden war.
Daraufhin nahm er das Mädchen auf und tauchte es, gemäß seinem Auftrag, in den geweihten Brunnen.
Und als er es aus der Taufe hob und seine Augen mit Chrisam salbte, löste sich sogleich das Band der Augen, und es blickte hell und aufmerksam dem Bischof ins Gesicht.
Von ungeheurer Freude erfüllt, brachte der heilige Diener Gottes dem Herrn zum Dank würdigen Lobpreis dar.
Er machte nun der Gemeinschaft kund, was ihm alles im Gesicht gezeigt worden war, und er mahnte

die frommen Mägde Christi inständig, sich der Obhut der Christus geweihten Jungfrau unermüdlich und sorgsam zu befleißigen. Und dann bot er seinem Töchterlein den Friedenskuß und sagte: »Im Himmelreich, wenn es die göttliche Barmherzigkeit gewährt, mögen wir einander wiederum ins Gesicht schauen.«[17]

Als er alles erfüllt hatte, wanderte er nach dem Schlußgesang in sein Vaterland zurück.

(5).

Die Nonnen aber zogen die von Christus geliebte Jungfrau auf und machten ihr zur Pflicht, sich in die Heiligen Schriften zu versenken.

Nachdem sie die Sehkraft erlangt hatte, bemühte sich so die fromme Jungfrau, geschickt im Vorlesen und wachsam beim Gebet zu sein; standhaft ertrug sie Dürftigkeit, und unentwegt teilte sie, so gut sie konnte, Almosen aus.

Von der Höhe gefestigten Sinnes achtete sie weltliche Hoffahrt für nichts, und je mehr sie aller Versuchungen unerlaubten Begehrens ledig war, desto befreiter konnte sie jenem dienen, dessen Gefolgschaft sie sich verpflichtet hatte.[18]

(6).

Der Himmel aber zeigte ihrem Vater an, daß seine Tochter, die er zu töten befohlen hatte, noch lebe und wie sie, vom Bischof im heiligen Brunnen gebadet, die Sehkraft erlangt habe.

Der Bischof aber wußte nicht, daß ihrem Vater das alles enthüllt worden war. So schickte er bei der Rückkehr ins Vaterland einen Boten zum besagten Herzog, vertraute ihm alle Geschehnisse an und beschwor ihn nachdrücklich, er solle doch die Zwietracht, die der Teufel zwischen ihn und seine Tochter gesät hatte, ausräumen und zur Eintracht zurückkehren.

(7).

Ins Kloster aufgenommen, mühte sich Odilia ganz besonders, dem Herrn treuen Dienst zu leisten.
Doch geschah es, daß der Anstifter aller Übel einige ihrer Mitschwestern dazu brachte, gegen sie Abneigung zu empfinden und ihr viel Widerwärtiges zuzufügen, wie ja stets die Bösen Gute ihrer Werke wegen hassen.
Sie aber kümmerte sich nicht darum, sondern sie ertrug aus Liebe zu Gott willig alle Schmähungen und reifte täglich im Dienst des Herrn.
Zudem hatte sie einen stattlichen Bruder. Er war im Vaterhaus aufs beste ausgebildet worden,[19] auch sein Vater liebte ihn sehr; sie aber hatte ihn noch nie gesprochen oder gesehen.
Dem also schrieb sie einen Brief, wickelte ihn in einen Scharlachknäuel und schickte ihn durch einen Pilger ihrem Bruder.[20] Darin flehte sie Seine Brüderlichkeit an, sich ihrer erinnern zu wollen, aus Liebe zu Gott, der befehle, daß wir nicht nur unsere Nächsten und Freunde, sondern auch unsere Feinde lieben sollen.
Der Bruder erhielt auch den Brief der geliebten Schwester und las ihn aufmerksam durch. Darauf richtete er das Wort an seinen Vater und sprach: »Mein liebster Herr, gewährt gnädiges Gehör der Fürsprache deines Dieners, der deine Milde anfleht.«

Der Vater aber gab zur Antwort:
»Wenn du etwas Ungehöriges forderst, ziemt es sich nicht, dir die Erlaubnis zu gewähren.«
Jener erwiderte: »Es wird sich ziemen, wenn es Eurer Väterlichkeit gefällt, denn nichts anderes fordere ich, als daß Ihr veranlassen möget, Eure Tochter, die derzeit in der Fremde allen elterlichen Trostes entbehrt, zurückzurufen und Eurer Gegenwart vorzustellen.«
Der Vater jedoch befahl ihm, von der ganzen Sache zu schweigen.[21]
Aber der Jüngling litt in seinem guten Herzen mit der Schwester. Ohne Wissen des Vaters schickte er einen Wagen und alles zur Reise Nötige[22] und ließ sie heimkehren.

(8).

Es geschah aber, als jener Herzog mit dem Sohn und seinen anderen Mannen auf einem Vorsprung jener Burg, die man der Wortbedeutung nach Hohenburg nennt, beisammensaß, daß Odilia, die Braut Christi, im Wagen sitzend, wie es damals zu reisen Brauch war, mit großem Gefolge ankam, wie es ihr Bruder verfügt hatte.
Als jener nun seinen Blick hob und die Menschenmenge wahrnahm, wurde er argwöhnisch, was das bedeute.
Darauf antwortete der Jüngling, daß das seine Tochter Odilia sei.
Und jener fragte: »Wer hat sich derart tölpelhaft und verwegen unterstanden, sie ohne mein Geheiß zurückzurufen?«
Der Knabe aber merkte, daß er, was er angerichtet hatte, bekennen mußte, und er antwortete dem Va-

ter: »Ich, dein Diener, ich meinte, daß es uns zur Schande gereiche, wenn sie in solcher Armut bliebe, und ich empfand bei ihrer Betrübnis so viel Mitleid, ich habe sie zurückgerufen.
Aber nun, Vater, verzeih es mir; ich erkenne ja, daß ich ungeheuer dumm gehandelt habe, als ich mich vermaß, sie ohne deinen Befehl zurückzurufen!«
Doch wehe! jener schlug in unbeherrschter Wut mit dem Stock, den er in der Hand hielt, den Knaben härter, als es seine Absicht war.[23]
Durch diesen Schlag verfiel der Jüngling in Siechtum und starb.[24]
Der Vater jedoch wußte sich der Unmenschlichkeit schuldig und suchte sich selbst mit Klagen und Fasten zu strafen; und unter langdauernden Seufzern sprach er: »Wehe mir Elendem, weil ich mir durch den Totschlag an meinem Sohn gar sehr den Zorn des Höchsten Richters zugezogen habe!«
Und von da an blieb er bis zu seinem Tod im Kloster; er mühte sich, Gott zu versöhnen durch würdige Früchte der Buße. Häufig suchte er die Grabstätten der Heiligen auf und flehte sie um Fürsprache an, mit zerknirschtem Geist und abgezehrtem Leib.

(9).

Dennoch erinnerte er sich durch das Walten der göttlichen Barmherzigkeit an seine verachtete Tochter und befahl, sie ihm vorzustellen.
Und als die Gerufene kam, wollte er sie etwas milder behandeln und vertraute sie einer Klosterfrau an, die aus England gekommen war;[25] auch setzte er ihr den Unterhalt einer Magd aus.[26]

Jene aber nahm ihn mit Dankbarkeit an und weilte lange Zeit im Kloster, ohne mehr zu besitzen, als was einer der Mägde zukam.

(10).

Inzwischen aber geschah es, daß ihre Amme aus dieser Zeitlichkeit schied.
Sie erinnerte sich wohl, mit welcher Hingabe diese sie einst genährt hatte; so ließ sie ein Grab ausheben und sorgte selbst für ihre Beerdigung.
Es ereignete sich jedoch nach Ablauf von etwa 80 Jahren, daß man das Grab, wo die besagte Amme beigesetzt war, aushob, um einen anderen Leichnam zu beerdigen.
Da fand man nun den ganzen Körper verwest und fast zu Staub verwandelt, indessen die rechte Brust so völlig unversehrt, als wäre sie im Augenblick vom Körper abgeschnitten worden.[27]
Man glaubt, daß dies geschehen sei, um die Segenstat des Nährens an der frommen Jungfrau gutzuheißen; denn jene kluge Amme, die etwas Himmlisches in ihr erkannte, hatte ihr die Milch nur aus der rechten Brust gereicht und sie während der ganzen Stillzeit in eine Leinendecke gehüllt.[28]

(11).

Die fromme Jungfrau aber lebte lange Zeit, zufrieden mit ihrem Unterhalt, im Kloster; nichts anderes besaß sie, da weder der Vater sie rief noch sie es wagte, ungerufen zu ihm zu kommen.
Doch des Höchsten Güte beschloß, ihr Licht auf den Leuchter zu stellen, damit es allen leuchte, die das Haus beträten. So geschah es, daß sie eines Tages, als sie ein Gefäß mit Mehl unter der Hülle ihres

Mantels trug, auf dem Klostergelände dem Vater begegnete. Zwar noch starren Sinnes, redete er sie doch durch göttliche Eingebung freundlich an und sprach:
»Meine geliebte Tochter, woher kommst du; wohin möchtest du gehen; was auch trägst du?«
Sie jedoch blieb stehen und antwortete:
»Ein wenig Mehl, Herr, trag' ich da, um daraus etwas Essen zu bereiten zur Erquickung der Armen.«
Er aber sagte:
»Sei nicht traurig, daß du bis jetzt ein armseliges Leben geführt hast, denn mit Gottes Hilfe wirst du dich darüber in allernächster Zeit erheben.«
Und am selben Tag vertraute er das betreffende Kloster mit allem Zubehör[29] ihren Händen an und beschwor sie, daß sie, zusammen mit der geweihten Gemeinschaft, seiner beständig vor Gott gedenkend, wegen seiner Untaten Fürsprache einlege.
Danach lebte er nur mehr kurze Zeit und starb.

(12).

Sie aber erkannte aus dem Urteil vieler Leute wie aus göttlicher Offenbarung, daß ihr Vater im Strafort weilte wegen seiner Sünden, für die er in dieser Zeitlichkeit, da ihm der Tod zuvorgekommen war, die würdige Frucht der Buße nicht erbracht hatte.[30]
So war sie wegen der Untergangs ihrers Vaters von unermeßlicher Trauer bedrückt; sie mühte sich, seinetwegen den Herrn anzuflehen mit Nachtwachen, mit Fasten und mit Gebet, denn sie erinnerte sich, daß er seinen Jüngern gesagt hatte: »Wahrlich, ich sage euch: Alles, um was immer ihr betet und bittet: glaubt nur, daß ihr es empfanget, und es wird euch zuteil.«

Da wollte die Güte des Höchsten seine Dienerin in so großer Betrübnis trösten. Diese verbarg sich zum Beten in einer Höhle des Berges, auf dem das Kloster stand, damit sie sich, je leidenschaftlicher, desto lieber, für die Erlösung ihres Vaters abhärme.[31]
Als sie sich zum Gebet niedergeworfen hatte, umstrahlte sie aus geöffnetem Himmel von oben gesandtes Licht derart, daß der betreffende Teil des Gemachs vom Glanz aufleuchtete, und ihr erscholl eine Stimme:
»Odilia, die du Gott teuer bist, bezähme doch deine quälende Schwermut! Denn du hast von Gott für die Sünden deines Vaters Vergebung erlangt. Siehe auch, aus der Unterwelt[32] befreit, wird er von Engeln geleitet, um sich dem Chor der Patriarchen zu gesellen.«
Als sie das hörte, brach sie in diese Worte aus:
»Ich sage dir Dank, o Herr, daß du dich in deiner Güte, nicht meiner Verdienste wegen, herabgelassen hast, mich Unwürdige zu erhören.

(13).

Unter der Obhut ihrer Leitung hatte sie etwa 130 Klosterfrauen.
Die ehrwürdige Mutter trachtete, ihnen in doppelter Anwendung der Lehre[33] vorzustehen: damit sie, was sie durch Worte wies, mit Beispielen festige.
Täglich mühte sie sich, die göttlichen Anordnungen vollkommener zu befolgen, in Erwägung des Apostelwortes: »Damit ich nicht, während ich anderen predige, selbst verworfen werde.«
Es war die heilige Odilia beharrlich im Gebet, aufmerksam bei der Lesung des Gotteswortes, im Ge-

spräch besonnen, von außerordentlicher Enthaltsamkeit.
Und zwar nahm sie, außer an Feiertagen, keine andere Speise zu sich als Gerstenbrot und Gemüse.[34]
Auch pflegte sie als Bett ein Bärenfell zu haben[35] und als Kopfkissen einen Stein unterzulegen.
Dadurch aber begehrte sie nicht menschliches Lob, sondern einzig die Anerkennung durch ihren Erlöser; deshalb folgte sie allen göttlichen Weisungen ganz im verborgenen, denn sie beherzigte, was er gesagt hatte: »Deine Linke wisse nicht, was deine Rechte tut,« und andere derartige Gleichnisse.

(14).

Das Kloster, das die ehrwürdige Äbtissin lenkte, war, wie wir schon angeführt haben, auf hohem Berg erbaut; deswegen gelangten nicht bloß die Gebrechlichen und Kranken, sondern auch die Gesunden nur mit großer Schwierigkeit hinauf.
Es schmerzte die fromme Dienerin Gottes, daß sie wegen des schwierigen Weges nur selten zu ihrem Kloster aufstiegen, denn sie zeichnete sich durch Gastlichkeit aus.
So rief sie die ganze ihr unterstellte Gemeinschaft zusammen, um sich ihres Rates zu bedienen. Sie sprach zu ihnen: »Ihr wißt, vielgeliebte Schwestern, daß der rauhe Weg den Pilgern und Gebrechlichen beim Aufstieg große Mühe bereitet, und deshalb kommen nur wenige zu uns.
Ich aber möchte, wenn es Eurer Heiligkeit gefällt, unten am Bergabhang ein Krankenhaus bauen lassen, um Christen aufzunehmen.«
Darauf erwiderten alle, dieser ihr Vorschlag sei ausgezeichnet.

Und nachdem sie ihren Segen empfangen hatte, errichtete sie dort zuerst eine Kirche und beantragte, sie dem heiligen Martin zu weihen, und danach sorgte sie für die Aufnahme der Armen.
Den Schwestern gefiel diese Wohnung, denn der Ort war reizvoll, und es gab Wasser im Überfluß; sie forderten, daß sie dort ein Kloster gründe, weil das obere Kloster arg an Wassermangel litt.
Sie aber stimmte ihrem Vorschlag zu und baute dort das Kloster, wie es noch der heutige Tag bezeugt.[36]

(15).

Es geschah aber, während sie mit diesem Werk beschäftigt war, daß ein Mann zu ihr kam, der in seiner Hand drei Schößlinge vom Lindenbaum hielt, und der sagte zu ihr: »Herrin, empfange diese Zweiglein und pflanze sie, damit bei den Nachkommen das Andenken an dich bleibe.«
Sie aber nahm an und ließ drei Gruben richten.
Inzwischen trat eine der Schwestern an sie heran und sagte: »Pflanze nicht, Herrin, diese Schößlinge, weil oft aus so einem Baum Ungeziefer entsteht.«
Sie wiederum sprach: »Errege dich nicht, denn niemals wird von diesen Bäumen Widerwärtiges kommen.«
Und sie hielt einen in ihrer Hand und sagte: »Im Namen des Vaters pflanze ich dich«;
sie nahm den zweiten und sagte:
»Und dich im Namen des Sohnes«;
und den dritten trug sie und sagte: »Und dich im Namen des Heiligen Geistes«.
So führte sie das Geheimnis der Dreifaltigkeit aus.

Weil sie sich über einen weiten Platz erstrecken, gewähren diese Bäume bis heute den Mägden Christi mit ihrem Schatten große Erfrischung bei glühender Hitze.[37]

(16).

Es war auch ihre Gewohnheit, zu frommem Lebenswandel Pilgerinnen sowohl aus Irland als auch aus England aufzunehmen; desgleichen nahm sie gottesfürchtige Männer verschiedener Länder freudig auf, und aus ihnen ließ sie sich einige zu Priestern weihen.
Und sie vollendete beide Klöster und wies die Klosterfrauen ein. Danach rief sie alle Schwestern zusammen und bat sie, ihr mitzuteilen, ob sie das Leben nach der Mönchs- oder nach der Kanonikerregel führen wollten.
Darauf antworteten alle einmütig, daß sie ein Klosterleben nach der Regel (S. Benedicti) wünschten.
Sie aber erwiderte ihnen demütig und sanft: »Ich weiß doch, liebe Schwestern und liebe Mütter, daß ihr sofort bereit seid, für den Namen Christi alles Rauhe und Harte zu ertragen; aber ich fürchte, daß wir, wenn wir das Leben nach der Regel wählen, den Tadel unserer Nachfolger auf uns ziehen. Denn, wie ihr wißt, ist dieser Ort da für das Mönchsleben sehr ungeeignet, dergestalt, daß man Wasser hier nur mit größter Mühe erlangen kann.
So scheint es mir, wenn es Eurer Gütigkeit gefällt, besser, daß ihr in der kanonischen Lebensweise verharrt.«
Darauf erwählten alle auf ihr Wort hin die kanonische Ordnung, die man bis heute in den obenge-

nannten Klöstern nach der Richtschnur der Vorgänger befolgt.[38]

Als sie sah, daß für die kanonische Ordnung entschieden war, sagte sie: »Herr Jesus Christus, ich danke dir, daß du dich herabgelassen hast, mich Unwürdige, nicht meiner Verdienste wegen, sondern in deiner unaussprechlichen Barmherzigkeit durch die heilige Taufe aus der Blindheit zu reißen. Dich, Herr, nun flehe ich an, daß du diese deine Hausgemeinschaft, die du mir unterstellt hast, durch deinen Schutz überall bewahrest und von ihr alle Begehrlichkeit der Fleischeslust abwendest, damit sie dir, Herr, mit der ganzen Kraft der Seele stets unbefleckten Dienst zu weihen sucht.«

(17).

Selber strebte sie durch den Aufstieg in heiligen Tugenden wie eine gesunde Tanne in die Höhe; und obwohl sie einmütig mit der Gemeinschaft alle Heiligen um Hilfe anrief, verehrte sie doch besonders oft die Reliquien des heiligen Johannes des Täufers, weil sie durch die Taufe ihre Sehkraft erlangt hatte.[39] Deswegen überlegte sie, ihm zu Ehren eine Kirche zu bauen.[40]

Aber sie wollte durch seine Offenbarung wissen, welchen Ort er zum Bau seiner Kirche bestimme; so erhob sie sich vor dem nächtlichen Stundengebet, gelangte zum Versteck, das sie sich zur Andacht ausgesucht hatte, und streckte sich betend auf einem gewaltigen Felsen aus, der bis heute ihr zum Gedächtnis ein großes Holzkreuz trägt.[41]

Während sie sich dort im Gebet verströmte, soll ihr der heilige Johannes der Täufer, umgeben von strahlender Helligkeit, erschienen sein, so bekleidet, wie er den Erlöser im Jordan getauft hatte.

Eine der frommen Frauen aber, deren Dienst es war, die Stunde des Gottesdienstes auszuspähen, erhob sich und ging vor die Pforte, um am Stand der Sterne abzulesen, ob es schon Zeit sei, die nächtliche Glocke[42] anzuschlagen.

Als sie jedoch so große Helligkeit sah, wollte sie wissen, was los sei, und schlich näher.

Kaum war sie herangekommen, eilte sie schon wieder zu ihrem Dienst zurück, vom überwältigenden Glanz erschreckt. Sie konnte dort nur inmitten ungeheurer Helligkeit die fromme Jungfrau sehen; den heiligen Johannes aber sah sie nicht.

Damals machte der heilige Johannes der gotterwählten Jungfrau den Platz kund, wo er die Kirche erbaut haben wollte, wie auch die Maße für den Grundriß.

Als die nächtliche Andacht beendet war, rief sie augenblicklich die Magd Gottes, die bei jener Erscheinung zugegen gewesen war, und gebot ihr, niemandem vor ihrem (=Odilias) Tod diese Erscheinung mitzuteilen.

Und sie offenbarte ihr, was ihr verborgen geblieben war. Sie sagte nämlich: »Die Helligkeit, die du gesehen hast, erschien nicht meinetwegen, sondern wegen des heiligen Johannes. Er hat mir im Gespräch aufgetragen, wie seine Kirche errichtet werden soll.«

Von großer Freude erfüllt, begann sie, als der Morgen tagte, sogleich das Werk für Gott, wie es ihr gezeigt worden war.

(18).

Während dieses Beginnens aber geschah ein Wunder, das man, wie ich meine, nicht verschweigen darf.
Die Ochsen nämlich, die den mit Steinen für den Kirchenbau beladenen Wagen zogen, stürzten von der Höhe des Berges ab, von oben bis hinunter gemessen, 70 Fuß oder mehr.
Schnell liefen da die Leute den Abhang hinunter, um ihnen, falls noch irgend Leben in ihnen wäre, die Gurgel durchzuschneiden, damit man wenigstens ihr Fleisch essen könne.[43]
Durch Fürsprache und Verdienste des heiligen Täufers fanden sie dieselben und den beladenen Wagen unversehrt und ließen sie wiederum den schmalen Pfad, der kaum für Pferde gangbar ist, ihre Last zur besagten Arbeit hinaufziehen.
Als dies vollendet war, befahl sie, daneben das Schlafhaus und die anderen Wirtschaftsgebäude zu errichten, und führte dort mit wenigen ein Leben im Verborgenen.[44]

(19).

Sie hatte auch einen Bruder namens Adalbert. Er besaß drei Töchter. Die erste hieß Eugenia, die zweite Atala, die dritte Gundlinda.
Diese vernahmen den Ruhm der frommen Jungfrau und gedachten nun auch, von Gottesliebe entflammt, die Welt zu verlassen und unter der Anleitung ihrer Vatersschwester sich zu opfern, damit sie, durch ihr Beispiel belehrt, vollkommen lernten, alle Wünsche fleischlicher Begierde in sich zu zähmen und dem Herrn Jesus Christus würdigen

Dienst zu leisten, auf daß sie, zugleich mit ihr, den unverwelklichen Lohn des ewigen Lebens zu erlangen verdienten.
Sie aber nahm jene gerne auf, als sie deren Verlangen hörte, unterwies sie sorgfältig und weihte die Unterwiesenen dem Dienst des Herrn.[45]

(20).

Später geschah es, daß einer von den Dienstleuten des Klosters ihren Bruder umbrachte.
Da betrauerte sie seinen Tod gar sehr, und zugleich mit ihr die ganze Gemeinschaft.
Deshalb baten sie alle den Herrn, daß er sich herablasse, sie (»eam in eo«) an dem zu rächen, der sie so bitterlich betrübt hatte. Besser sei es, sagten sie, daß er in dieser Welt die verdiente Züchtigung empfange als in jener immerwährende Strafe.
Mit ihren Bitten bewirkten sie Erhörung, wie seine Nachkommenschaft beweist, weil niemandem aus seinem Geschlecht das Leben zuteil geworden ist, der nicht irgendein Gebrechen mitbekommen hätte.

(21).

Folgendes geschah auch eines Tages:
Im Kloster war es Brauch, daß man täglich der Reihe nach abwechselnd fastete und die Psalmen sang.[46]
Als nun ihr Fasttag kam und sie, in der Chorkapelle stehend, den Psalter verrichten wollte, trat eine der Aufwärterinnen[47] an sie heran und sprach zu ihr: »Herrin, Eurer Vornehmheit kann ich's nicht verheimlichen, daß es uns am Wein fehlt, den wir un-

seren Mitschwestern kredenzen müssen; denn außer der Zuteilung für heute haben wir nichts.
Deine Sache ist es, vorzusehen, was wir da machen sollen.«
Sie aber sagte: »Sei nicht traurig Tochter, sondern habt Vertrauen.
Denn er, der mit fünf Fischen und zwei Broten so viele tausend Menschen gesättigt hat, ist auch mächtig, das geringe Maß, das er uns gnädig bewahrt, zu vervielfachen, wenn es ihm gefällt.
Aber geh und versieh gewissenhaft den dir anvertrauten Dienst. Vergiß nicht, daß er sagt: ›Suchet zuerst das Reich Gottes und seine Gerechtigkeit‹ und so weiter.«
Darauf erbat jene den Segen und begab sich zu ihrem Dienst.
Zur Zeit aber, als es Brauch war, den Schwestern den Wein darzureichen, ging jene zum Weinfaß, in dem der kleine Rest verblieben war — es heißt in der gallischen Mundart *wogin* —, und sie fand es gefüllt.
Sofort umkehrend, berichtete sie ihrer Herrin das Geschehnis.
Sie aber rief die Schwestern zusammen und sagte: »Danket dem Herrn Jesus Christus, der nicht verläßt, die auf ihn hoffen. In seiner Güte hat er sich gewürdigt, unser Maß Wein zu vermehren, damit wir ihm den schuldigen Dienst ohne Murren widmen können.«
Daraufhin erfreute sie alle mit dem Wein im Namen der Liebe Gottes.[48]

(22).

Durch viele Übungen gelangte die fromme Jungfrau zur Beherrschung ihres Fleisches, sie schritt von Tugend zu Tugend und erwarb sich in täglichen Fortschritten gottwohlgefällige Tugenden.
Der Herr nun hatte beschlossen, die ihm Geweihte von der harten Mühe des Kampfes ausruhen zu lassen und ihr die Belohnung zu gewähren, die sie sich in dieser Zeitlichkeit so rührig erworben hatte.
Sie wußte auch, daß die Auflösung ihres Leibes bevorstehe, und begab sich zur Kirche des heiligen Johannes des Täufers. Dort versammelte sie alle Schwestern und ermahnte sie, daß sie stets danach streben sollten, Gott zu lieben und in allem seinen Geboten zu gehorchen; auch beschwor sie ihre Heiligkeit, sowohl für sie selbst als auch für ihren Vater und ihre übrigen Angehörigen den Herrn eifrig anzuflehen.
Als sie damit fertig war, befahl sie ihnen, in die Chorkapelle der heiligen Maria zu gehen und dort den Psalmengesang zu feiern.
Sie aber blieb allein zurück.
Während jene tatsächlich nach ihrem Gebot die Psalmen sangen, wurde ihre reine Seele vom Körper gelöst,[49] wobei dort solch wunderbarer Wohlgeruch verströmte, daß der Duft das ganze Gebäude erfüllte.[50]
Als jene nach vollbrachtem Gebet zurückkehrten und ihre geistliche Mutter tot vorfanden, hoben sie ein heftiges Trauern an, weil sie nicht verdient hätten, beim Abscheiden der so reinen Seele dabeizusein, und weil ihre geliebte Mutter vor dem Empfang der Wegzehrung den letzten Atem ausgehaucht habe.

In ihrer tiefen Not warfen sie sich einmütig zum Gebet nieder, weinten aus Herzensgrund und flehten den Herrn an, daß er den heiligen Engeln, die ihre Seele geleiteten, befehle, sie wiederum dem Körper zurückzuerstatten.

Und wunderbarerweise bewirkte das einhellige Gebet die alsbaldige Rückkehr der Seele in den Körper.[51] Die fromme Dienerin Gottes setzte sich auf und richtet diese Worte an sie:

»O geliebte Mütter und Schwestern, warum habt ihr verlangt, mir solche Unruhe zuzufügen!

Ihr habt nämlich Gott gebeten zu befehlen, daß die Seele, nachdem sie das Gewicht der Vergänglichkeit abgelegt hatte, wiederum besuche, was sie ein für allemal verließ.

Denn ich war durch Gottes Gnade der Jungfrau Lucia beigesellt und habe solche Freude genossen, wie sie keine Zunge aussprechen, kein Ohr hören, kein Auge sehen kann.«

Jene aber hielten dagegen, daß sie es getan hätten, damit man ihnen nicht Nachlässigkeit vorwerfe, weil sie gestorben sei, ohne den Leib des Herrn zum empfangen.[52]

Da ließ sie sich den Kelch, in dem der Leib und das Blut des Herrn aufbewahrt wurde, bringen, nahm ihn selbst in die Hände, empfing die heilige Kommunion[53] und übergab im Beisein aller ihre Seele.

Bis heute aber wird dieser Kelch im Kloster zum Gedächtnis des verehrungswürdigen Ereignisses aufbewahrt.[54]

(23).

Daraufhin bestatteten sie ehrerbietig den reinen Leib der frommen Dienerin Gottes in derselben

Kirche zur rechten Seite vor dem Altar des heiligen Johannes des Täufers.
Der wunderbare Wohlgeruch, der dort zuvor ausgeströmt war, blieb dabei bis zum achten Tag.
Man erinnert sich an viele Wunder, die dort das Walten himmlischer Huld durch Fürsprache und Verdienst der frommen Jungfrau Gottes geschehen ließ.[55]
Man braucht sich auch nicht darüber zu wundern daß sie gesagt hatte, sie sei der heiligen Lucia, der Märtyrerin Christi, in Gemeinschaft verbunden worden. Zwar hat sie ihr Leben nicht beendet durch ein ihr von anderen zugefügtes Martyrium.
Doch läßt sich vermuten, da sie ihr Fleisch mit Härte und Strenge zu zähmen, ja abzutöten suchte, daß sie auch bereit gewesen wäre, ihren Nacken dem Schwert darzubieten, hätte nicht die Wildheit des Verfolgers gefehlt.[56]
Es schied aber die heilige Odilia — das heißt, sie vertauschte dieses Leben mit einem besseren — an den Iden des Dezember[57] unter der Herrschaft unseres Herrn Jesus Christus, dem mit dem Vater und dem Heiligen Geist Lob, Ehre und Macht sei durch alle Ewigkeit. Amen.

IV. Lokalsage und Entwicklungsmärchen

Ort und Sage

Hinter Barr, etwa 15 km nördlich vom mittelalterlichen Schlettstadt, windet sich die Straße westwärts und hinauf durch grüne Höhen zum Plateau des Odilienberges.
Der ragt, ein mächtiger Sandsteinklotz, nach drei Seiten, am steilsten nordostwärts, abfallend, über das Rheintal wie ein Riesenerker aus der Vogesenfestung.[1]
Vom Meeresspiegel mißt die Höhe über 700 m (764), von der Ebene unten 600. Auf eine Länge von mehr als 10 Kilometern friedete die »Heidenmauer« eine leicht nach innen gewölbte Fläche ein und umschloß etwa 100 ha des Geländes samt einer nach und nach versiegenden Quelle.[2]
Ein gigantischer Bauwille, ähnlich dem der Könige von Mykenä, hat die Konstruktion durchgeführt. Auf Klafterbreite, bis zu einer Höhe von 4 Metern, bildeten Felsblöcke, von Eichenbolzen verklammert, einen Wall. Keltische Fürsten mit weitreichenden Beziehungen zum Mittelmeerraum, wie die Herren der Heuneburg ob der Donau zwischen Riedlingen und Herbertingen, schufen hier Hofstatt und Fluchtburg, um das Volk und notwendigen Vorrat bei Kriegsgefahr zu bergen.[3]
Wogen einer Völkerwanderung im 3. Jahrhundert v. Chr. brandeten von Irland quer durch Europa bis Kleinasien. Die Kelten in Norditalien, dann in Gallien unter Caesars Konsulat erlagen dem straff ge-

führten römischen Militär. Die Römer besetzten die dominierende Bergfestung überm Rhein, nannten sie Altitona, die Hochumwallte, sicherten die Zugänge und bauten Turm und Rundtempel. Dessen letzte Säulen stürzten beim Wirtshausneubau a. 1734.[4]

Wie in die Heuneburg, so rückten auch hier, als das Imperium untergegangen war, im Frühmittelalter landsuchende Germanen ein, die alte Bastion zu nutzen.[5] Das erste Kapitel der Vita berichtet davon.

Die Völker wechselten, dem Ort hatte keine Katastrophe etwas an. Heiligtum und Gräber blieben. Odilia, der Herkunft nach landfremd, die Tochter fränkischer Eroberer aus Burgund, ist seit 1300 Jahren auf dem Berg einheimisch.

Niemand, der vom Felsvorsprung bei der Engelskapelle über die weite Ebene zu seinen Füßen blickt — nach Norden gen Straßburg, nach Süden, wo im Glast die blauen Höhenzüge verschwimmen — kann sich dem Zauber des Ortes entziehen.

Zur Andacht ist er geschaffen, und leicht fällt es hier, das Herz zu erheben. Das empfand auch der Prämonstratenser Peltre, der vor 300 Jahren mit offenen Augen die Topographie seines Berges wahrnahm und sachkundig beschrieb. Silbermanns schöner Reiseführer von 1781 überliefert in Bild und Wort die geographischen und historischen Denkwürdigkeiten.[6]

Allerdings spült der moderne Massentourismus zu den Stoßzeiten nicht nur fromme und frohe Wallfahrer durch die Klostergebäude.

Doch gleich jenseits der Balustrade setzen sich westlich die grünen Wellen der Vogesenkuppen fort, mit stillen Wäldern stundenweit ohne die Spur gewalttätiger Eingriffe. Sie halten den Rücken frei

und lassen hoffen, daß die große Ruhe unzerstörbar bleibt. Nachts und im Winter kehrt sie wieder.[7]
»Geologisch gesehen, gibt es Böden, in denen sich eine seismische Unruhe erhalten hat. ... Ähnlich verhalten sich, geomantisch gesehen, Regionen, in denen der Mythos noch nicht erkaltet, noch nicht historisch geworden ist. ... Günstig sind Gründe, wo Völker herrschten, die, wie die Kelten, Etrusker und Azteken, zwar politisch verschwunden, doch heimatlich noch gegenwärtig sind.«[8]
Adalric sucht, ehe sich der Wunsch zu Worten formt, eine Stätte, um Gott zu dienen. Er findet sie, wird gewiesen und geführt.[9]
Jäger entdecken für ihn den Ort. Vielleicht folgten sie der Spur eines der großen Bären, die zahlreich und bis zur Neuzeit in den Vogesenhöhlen hausten.[10]
Ins verlassene Kastell ziehen die Franken; der Herzog gründet sein Kloster. Mythos und Wirklichkeit verschmelzen: »Die Einfriedung, die Mauer oder ein Ring von Steinen ist eine der ältesten Bauformen des Sanctuariums.«[11]
Von diesem Ort kann Odilia, ob im Stand der Magd oder der Herrin, und über ihren Tod hinaus bis zum heutigen Tag nicht mehr getrennt werden.
Auf dem Gestein des Berges liegt sie betend. Mit ihrem Schmerz flüchtet sie in sein Inneres. Übernatürliche Kräfte teilen sich ihr mit: Erleuchtungen, tieferes Wissen, größere Gelassenheit. Einsamkeit, Sammlung, Schlafentzug bereiten auf die Begegnung mit dem Heiligen vor.
Andere ahnen das Numinose; sie sehen überhellen Glanz, aber ertragen ihn nicht lange, und ihre Ohren hören nichts (c. 17). Sie fühlen sich wohler etwas weiter weg, im anmutigen Tal. Odilia hält es

gern oben aus: »ibi ipsa cum paucis secretam vitam ducebat« (c. 18).

Das Entwicklungsmärchen

Einleitung

Die Sage mündet in das Märchen.[12]
Märchen ist die bestimmte Ausformung »einer anthropologischen Aussage«.[13] Es erzählt, »wie es in Wahrheit auf dieser Welt zugeht.«[14]
Gefahr und Leid, selbstverschuldet (Sage) oder als Erblast (eher Märchen), belagern den Lebensweg. Der Mensch sieht sich, ob er will oder nicht, in Konfliktsituationen. Immer wieder gerät die natürliche Ordnung aus den Fugen. Der Einzelne, der Erwählte ist berufen, sie mit seinem persönlichen Einsatz wieder herzustellen, aufzurichten, fortzusetzen. Er selbst wächst mit seiner Leistung, gewinnt sein Königreich — und das hat stets eine soziale Dimension — feiert Hochzeit: Freudenfest für viele, Gerichtstag für die »Neider«, nämlich die Hassenden.
»Der Märchenschluß zeigt den Menschen in seiner Stärke.«[15] Die Stärke eignet ihm nicht von Anfang an. Er betritt die Welt als Enterbter, als Mängelwesen. Mühsam setzt er Schritt vor Schritt. »Von guten Mächten« kommt ihm — »wunderbar« — Schutz und Beistand.
»Erlösung«, »dieser eminent wichtige und primär religiöse Begriff«, »ist das märchentypischste und märchencharakteristischste Motiv.«[16]

Die Vita Odiliae enthält die für unsere Volksdichtung typische Geschichte von der verstoßenen Prinzessin.[17] Der fürstliche Vater haßt sie, bestimmt ihr den Tod. Sie entrinnt. »Helfer stellen sich ein«[18]: die Amme, eine mütterliche Freundin, der ihr aus der Ferne zugesandte Arzt für Seele und Leib, ein Pilger, der ritterliche Bruder. Denn das gerettete Leben ist gleichwohl beschädigt, bleibt lange unvollkommen, bedarf der Pflege.

Die erste Phase vergeht dumpf und dunkel[19], als wunschlos glückliches Dahinvegetieren an der nährenden Brust.

Eines Tages geschieht blitzartiges Erwachen. Wasser, Öl, Licht und Anruf erreichen die gebundenen Sinne. Das Kind hört, wer es ist, sieht seine Umgebung. Mit dem Bewußtsein kommt der Schmerz. Nun nicht mehr Kind, empfindet der junge Mensch seine Armut, die Ungerechtigkeit, die Bosheit der anderen. Er beginnt zu handeln.

Odilia sucht ihre Eltern, will dahin, wohin sie gehört.[20] Schon rückt das hohe Ziel in Sichtweite. Der List, dem Mut scheint der Sieg zu winken. Aber der Fluch ist immer noch nicht gebrochen.

Wiederum stürzt die Heldin — zwar weniger tief als beim ersten Mal. Sie muß einen mühsamen Umweg nehmen. Über Jahre stellt das Schicksal sie auf die unerläßliche »soziale Probe«, ob sie »auch bis zur eigenen Armut zu geben vermag. Erst dann ist« sie »für den Reichtum reif.«[21] Odilia leistet unscheinbaren Dienst für andere Bedürftige.

So ereignet sich der Augenblick ihrer Schicksalswende auf gewohntem Gang zu einer Krankenküche. Der Vater trifft sie unvermutet; auf die rechte

Frage gibt sie die rechte Antwort. Und am gleichen Tag empfängt sie ihr Erbe und tritt die Herrschaft an.

Tatsache, Geschichte, Dichtung? Die Fäden der Lebenserfahrung machen den Stoff, aus dem die Märchen sind: »Psychodramen von Familienkonflikten«[22], eine immer aktuelle Variation über »eine furchtbar ernste Wirklichkeit: die Initiation, d. h. den Übergang — mittels eines symbolischen Todes oder einer symbolischen Auferstehung — von der Unwissenheit und Unreife zum geistigen Alter des Erwachsenen.«[23]

Zeithintergrund

In der Geschichtsschreibung der wild bewegten frühen Merowingerzeit finden sich Märchenmotive, -personen und -strukturen zuhauf.

Gregor von Tours, gegen Ende des 6. Jahrhunderts Amtsnachfolger des hl. Martin, schildert u. a. in seinen Historiarum libri X, wie eine Magd die echte Königsbraut verdrängt. Die wäre gern mit dem bloßen Leben geflohen, aber die Nebenbuhlerin läßt sie noch in ihrem Schlafgemach erdrosseln.[24] — Eine Königstochter und ihre niedriggeborene Stiefmutter hassen, beschimpfen, schlagen einander. Dann lenkt die Frau ein, lockt das Mädchen in die Schatzkammer, öffnet die Truhe, läßt die Junge an Schmuck herausholen, was ihr Herz begehrt — und wuchtet ihr schließlich den schweren Deckel ins Genick. Die Wachsamkeit einer Dienerin verhindert den Mord.[25]

Einen Schwank mit glücklichem Ende steuert Gregor bei aus der eigenen Familiengeschichte. Ein

Koch — die Figur in Sage und Märchen, über die gelacht werden darf — ein Koch also mit Namen Leo im Dienst des bischöflichen Urgroßvaters, Gregors von Langres[26], befreit dessen Neffen aus barbarischer Geiselhaft. Er schafft's, indem seine kulinarische Kunst den Germanenfürsten bezaubert und ihm über den Magen das Herz gewinnt. Auf die scherzhafte Frage beim abendlichen Festtrunk bekennt er lachend die Wahrheit, ja, er bereite seine Flucht vor. Mit List und Glück entführt er seine kostbare Beute, erreicht nach mancherlei Abenteuern wohlbehalten die Heimat. Der heilige Bischof belohnt ihn und seine Nachkommen für alle Zeit mit Freiheit und Erbbesitz.

Die sogenannte Fredegar-Chronik um die Mitte des 7. Jahrhunderts weiß eine geheimnisvolle Begebenheit von den Eltern König Chlodwigs, König Childerich und seiner Frau, der Thüringerkönigin Basina.

In der Hochzeitsnacht schickt Basina ihren Gatten, ehe er seinen Durst stillen darf, dreimal vor den Palast, um ihr zu erzählen, was ihm im Freien begegne. Beim ersten Mal sind es Löwe, Einhorn und Leopard; danach Bär und Wolf; schließlich niedere Tiere wie Hunde, die sich im Staub wälzen. — Die Gesichte des Königs werden auf seine Nachkommenschaft gedeutet.[27] — Ein dreimaliges Tierorakel in sich abschwächender Grimmigkeit bezieht auch das Märchen von Brüderchen und Schwesterchen auf die Erscheinungsform eines sich selbst entfremdeten Menschen.

Die märchentypischen Teile verwebt die Vita Odiliae zum epischen Ganzen. Macht der gute Ausgang die Wahrheit historisch unglaubwürdig? Gelten im wirklichen Leben nur die Katastrophen?

Aber solange Menschen auf der Welt hoffen, lieben und glauben, behält das Märchen, das immer optimistische, recht.[28]

Entwicklungsstufen in der Vita Odiliae

Für die Vita Odiliae sei folgende These gesetzt: Aufgrund tatsächlicher Begebenheiten schreibt der Hagiograph ein Entwicklungsmärchen.
Kindsaussetzung, die mildere Form des Infantizids, fand statt. Für manche Gebrechen vermittelten trotz ungünstiger Prognose berufene Helfer Heilung. Über Gewalttat innerhalb der Familie, düstere, gern verschwiegene Unglücksfälle, informieren unsere Medien allwöchentlich. Jahrzehnte später kann nach der Zwietracht, dem erlittenen Unrecht Versöhnung gelingen.
Freilich widersprechen die »Lebensläufe nach aufsteigender Linie«[29] der grundsätzlichen Statik des hagiographischen Schemas im Frühmittelalter. Eben das zeugt von der Bedeutung der Aussagekraft, die den »Abweichungen von der Norm«[30] zukommen.
Die Stufen in der ersten Hälfte der Vita Odiliae sind:
Schuld des Vaters und Geburt / Verstoßung / Säuglingsalter und Flucht / blinde Kindheit / soziale Geburt: Taufe / Jugend in der Fremde / Heimkehr und Familienkatastrophe / Aschenputteldasein / »Auferstehung« / Fortsetzung der Familiengeschichte: Strafe, Erlösung, Schuld und Sühne — bis zu Odilias letzter Ermahnung, der Konvent möge ihres Vaters und ihrer weiteren Angehörigen fürbittend gedenken (c. 22).

1. Geburt

Sich schuldig wissend — vor Gott und gegenüber seinen Vorfahren — wendet Adalric das aus harter Vorzeit stammende Vaterrecht an, seinem neugeborenen Kind die Aufnahme — im wörtlichen Sinn — zu verweigern.

Unerwünschten, erst recht lebensuntüchtigen Nachwuchs konnte der Vater (seltener die Mutter) wegwerfen, dem Verdursten, dem Hungertod, dem Wasser oder den wilden Tieren überlassen.

Man scheute sich indessen, das eigene Blut selbst zu vergießen. So schiebt der Herzog die Ausführung des Befehls erst seiner Frau, dann nachgeordneten Dienststellen zu. Kein materieller Notstand zwang in diesem Fall, die blinde Tochter auszusetzen. Es geht um seinen sozialen Status. Zu dessen Symbolen gehört auch schöne, wohlgeratene Nachkommenschaft.

Adalric mag hoffen, daß der jämmerliche Säugling sowieso stirbt. Dann wiederholt er sein Urteil. Alsbald wird das Kind entfernt.

2. Säuglingsalter

Ein niederes Geschöpf erbarmt sich, erhält der Verstoßenen mehr als nur animalisch das Leben. Eben dieses »Mehr« reizt die Nachbarschaft zum Argwohn. Man munkelt über die Herkunft des verwöhnten Pfleglings. Käme das Gerücht dem Adalric zu Ohren, wäre die Blamage tödlich. Amme und Kind verschwinden. Beide finden notdürftig Schutz und Unterhalt bei der Herzogin burgundischer Freundschaft.

Von Persinda hören wir an dieser Stelle zum letzten Mal. Sie bringt dem Gatten gesunde Kinder, zwei Söhne läßt die Vita in Erscheinung treten; auf weitere zwei schließt man aus Urkunden. Eine jüngere fromme Tochter, Roswinda, steuert die Legende bei.[31] Nirgends im Verlauf von Odilias Schicksal nach der Taufe zeigt sich die Spur mütterlichen Wirkens.

Ebenso löst sich Odilias Milchbruder in Schweigen auf, dazu ihrer Amme Familie und Hausstand. Hatte die Frau alle Brücken abgebrochen? Von ihrem Grab ist die Rede; 80 Jahre lang behielt man den Ort im Gedächtnis. Nur: wo er war, das bleibt ungesagt. Die Legende läßt die Gute in Baume-les-Dames sterben. Odilia hat ihr die Kindespflicht geleistet.[32] Auf Hohenburg gibt es keine Tradition von ihr. Dort fanden die fürstlichen Eltern ihre lang geehrte Ruhestätte — bis die Französische Revolution die Steinsärge der Vogesenheiligtümer erbrach. —

3. Kindheit

Die Amme erzog (»educavit«) das blinde Mädchen in jenem Kloster. Sie ließ das anvertraute Kind also nicht ohne Begriffe von Ordnung, ohne die Ausbildung geistiger wie körperlicher Fähigkeiten aufwachsen (wie das des abenteuerlichen Simplizissimus Pflegeeltern taten). Himmlischer Lohn für die liebende Sorgfalt manifestiert sich im Zeichen der Unversehrtheit (c. 10).

4. Taufe als zweite Geburt

Aus der umfriedeten Kindheit hebt Bischof Erhard, hochadeliger Burgunder auch er und Amtsbruder von Persindas Verwandtem Leudegar von Autun, das Mädchen bei seiner Wiedergeburt aus Wasser und Geist, der Taufe. Der ihr das heilende Sakrament spendet, vertritt Vaterstelle: Er gibt ihr den Namen, der ihr Rang und Familie anweist; er nimmt die Kleine, sein »Töchterchen«, in die Arme, küßt sie, führt sie ein in die Gemeinschaft der Klosterfrauen, sucht ihr den Weg zu bahnen in eine gesicherte Zukunft.
Aber er ist alt. Auf Erden werden sie einander nicht wiedersehen.

5. Jugend

Nun also hat Odilia ihren Namen und einen Platz in der Gesellschaft. Bald zeigt sich, daß es der letzte ist. Die Interventionen ihres Patrons bleiben wirkungslos, bewegen nichts.
Die Genesene lernt eifrig. Vermutlich hat sie vieles nachzuholen, und ihr Fleiß beschämt andere Klosterschülerinnen. Oder die ärgert, daß eine Außenseiterin auf einmal als Gleichberechtigte neben ihnen sitzt. Fürstliche Abkunft? Jedenfalls fehlte die entsprechende Mitgift. Persindas Freundin, die für die beiden Flüchtlinge gesorgt hatte, war wohl gestorben. Man konnte nunmehr erwarten, daß Adalric seine Vaterpflicht wahrnehme und standesgemäßen Unterhalt leiste.
Vielleicht wittern die Mitzöglinge Mängel in der Sozialisation des doch sehr isoliert aufgewachsenen jungen Mädchens. Vielleicht spotten sie in naiver

Grausamkeit über allzu sichtbare Schwachstellen, das wenig anziehende Äußere etwa.[33]
Kurz, das Leben in diesem Kloster wird zur Qual, bei aller Mühe um Geduld und heiligmäßigen Wandel. Odilia sinnt auf Abhilfe, fängt es geschickt an, verläßt Palma — ohne Urlaub, wie eine spätere Legende ausdrücklich vermerkt, d. h. ohne Erlaubnis[34] — und kehrt heim ins Vaterhaus.

6. Familienkatastrophe

Das Kurzdrama des 8. Kapitels stellt dar, wie das klug eingefädelte Unternehmen nach glückverheißenden Anfängen scheitert. Der übertölpelte Herzog prügelt in der Wut den Sohn, den er doch liebt und liebevoll aufgezogen hat, so brutal, daß der Mißhandelte stirbt. Aber auch der Alte hat einen Schlag abbekommen. Er verliert die Lust am Leben, zieht sich aus der Welt zurück in sein Hauskloster, magert ab und betrauert seine Untat.

7. Aschenputteldasein

Einen Fußbreit Boden hat der Bruder durch sein Lebensopfer für die Schwester erkauft: das Wohnrecht auf Hohenburg. Ein Existenzminimum wird ihr zugesprochen. Und keineswegs gering darf man veranschlagen, daß Adalric sich um die geistig-seelische Entwicklung der Tochter kümmert. Er bestellt ihr als Erzieherin eine englische Nonne. Offenbar hat er eine gute Wahl getroffen. Lange Zeit[35], die Vita betont es, lebt Odilia arm, aber zufrieden, sozusagen auf der Schattenseite der Hohenburg.

Vorsichtig wahrt sie Distanz zum herrschenden Vater. Ihren kleinen Pflichtenkreis füllt sie gerne aus. Jene dritte Mutter läßt ihr Freiheit zu selbständigem Wohltun.

8. »Auferstehung«

Wie von ungefähr kommt eines Tages ihr Kairos, der Augenblick einer großen Entscheidung. Vater und Tochter begegnen einander. Der alte Herzog tritt ihr in den Weg und spricht sie, wohl selbst von dem, was in seinem Inneren vorgeht, überrascht, zum ersten Male gütig an. Sie steht Rede und Antwort. Damit endet ihre Erniedrigung, ist ihre Zukunft gesichert.[36] Adalric setzt sie zur Herrin seines reich ausgestatteten Hausklosters ein.[37] Bald darauf stirbt er.

9. Strafe und Erlösung

Seine ungetilgte Schuld folgt ihm ins Jenseits. Die Volksmeinung fällt ihr Urteil über den Totschläger, den Seelenmörder. Nicht nur, daß sein Jähzorn den schönen, edlen Sohn zugrunde richtete, auch Leben und ewiges Heil der Tochter hatte er freventlich aufs Spiel gesetzt.[38] Wird Gleiches mit Gleichem vergolten, dann büßt er mit seiner eigenen Seele.
Die Christenheit des Westens stieß sich lange an der Vorstellung einer zeitlich begrenzten Strafe in der Ewigkeit.[39] Die strenge irische Bußpraxis mit ihrer handfesten Kasuistik hatte die Gewissen geschärft, aber auch Sünden »berechenbar« gemacht. Was, wenn die Erdenzeit nicht ausreichte, die Sühne zu leisten?

Die Vita läßt keinen Zweifel, daß Odilia in eine existenzielle Krise gerät. Hinter sich hat sie Krankheit, Armut, Verachtung — vor sich, Jahrzehnte entfernt, einen seligen Tod. Aber jetzt in ihrer Lebensmitte muß sie die Zerreißprobe bestehen: »Tunc illa ingenti merore propter interitum sui patris vallata, in vigiliis, in ieiuniis, in orationibus pro eo Dominum deprecari studuit ...« (c. 12).

Sie flieht Menschen — die scheinen ihr freilich bei Adalrics schlechtem Ruf (»iudicium plurimorum«) wenig Trost zu wissen; sie verbirgt sich, bleibt unzugänglich (»vallata«). »Hunger, Müdigkeit und Fieber« drängen sie in eine der »Ausnahmesituationen«, d. h. »Phasen gesteigerten Unterbewußtseins«,[40] wo Dämonen »als Sanktion der Norm«[41] erscheinen. In solchen Szenen gibt die Sage Kunde von dem, »was die Toten den Lebenden schuldig geblieben sind«.

Die treue Tochter nimmt nicht hin, daß der Vater im Jenseits leidet. Und ihr himmelstürmendes Gebet dringt durch. Der Glaube siegt über die Vernunft, die Liebe ist stärker als der Tod. Adalric wird erlöst. Engel geleiten ihn, wohin ihn Gottes Vorsehung zu Anfang berufen hatte: in den Kreis der heiligen Väter und Fürsten der Vorzeit.[42]

10. Schuld und Sühne

Noch einmal, im auf den ersten Blick arg ungefügen 20. Kapitel, beschäftigt sich der Autor mit dem Problem der Schuld als Verhängnis für die ganze Familie, als Hypothek, die auf Generationen lastet.

In der Rückschau sehen wir Adalrics düstere Worte bestätigt, das Gebrechen seiner neugeborenen Tochter offenbare göttliche Strafe (»quia in aliquo

Deum iratum habeo, quia mihi hoc evenit, quod ante haec nullo ex genere meo contigit« c. 2).

Genau das trifft die Nachkommen jenes Mannes, der — zwei Menschenalter später — seinen Sohn Herzog Adalbert bei einer Meuterei aufgebrachter Dienstleute tötete: »quia nullus postea ex ipsius progenie humanam sortitus est vitam, qui non aliquid in se debilitatis haberet.«

Persindas neutestamentliche Argumentation (mit Joh. 9,3 in c. 2) greift also nicht. Es gilt die vorchristliche, auch heidnisch-germanische Deutung des Lebensschicksals: Unglück ist Verbrechen, Krankheit Strafe.

Weiter folgt: Alle in einer Gemeinschaft, die Lebenden wie die Toten einer Sippe, teilen Gutes oder Böses, tragen Segen oder Fluch. Es gibt keine Ausnahme. Deshalb wäre eine Seligkeit undenkbar, welche die Ahnen ausschlösse.[43]

Von hier aus verstehen wir Odilias leidenschaftliches Ringen um ihres Vaters Seelenheil. Adalric hatte als Heide gehandelt und als Christ geglaubt, er wußte sich schuldig und nahm Buße auf sich. Aber was in dieser Welt nicht abgetragen werden kann, ragt hinein in die nächste. Die Strafe folgt ihm über die Todesschwelle: »propter peccata, pro quibus in hoc saeculo, morte se anticipante, dignum poenitentiae fructum non fecit« (c. 12).

Währt die Strafe befristet als Fegfeuer, mit Unterbrechungen oder ewig bei den Verdammten? Die Volksfrömmigkeit unterscheidet nicht genau zwischen Reinigungsort und Hölle. Beides gehört zur Unterwelt.

Die komplizierten theologischen Spekulationen umgeht die im Mittelalter so beliebte poetische Lösung: Es gelingt der Fürsprache des Heiligen —

doch nur ein einziges Mal und in einem besonders anrührenden Fall, etwa beim edlen Heiden Trajan[44] — das Verdammungsurteil in die Begnadigung umzuwandeln:

»Es ist einmal geschehen, aber nimmermehr,
Daß ein Kind sein Vater erlöset hat,
Erlöst aus der höllischen Flamme, ja Flamme.«[45]

Wir müssen uns vor Augen halten, wie sehr dem mittelalterlichen Menschen die Sorge um das ewige Heil am Herzen lag. Vor der Wucht dieser Frage aller Fragen zergingen Schmerz und Leid »in hoc saeculo«.

Der büßende Adalric hatte den Strafvollzug auf Erden gewollt und begonnen, jedoch nicht durchgehalten. Schlimmeres droht ihm.

So gesehen, steckt nichts Heuchlerisches im Gebet der frommen Frauen auf Hohenburg, die Sühneleistung eines anderen Übeltäters betreffend (c. 20): »melius esse ..., ut in praesenti dignam castigationem quam in futuro perpetuam panam subiret.«

Irdisches Leid galt als Stufe zur ewigen Seligkeit.[46]

V. Hagiographischer Teil

Stilkriterien

Das 13. Kapitel eröffnet den hagiographischen Teil im engeren Sinne.

Odilia ist an ihrem irdischen Ziel angelangt. Sie steht auf der Höhe; von hier führt ihre Bahn geradeaus weiter. Keine Anfechtung stört mehr ihre Seelenruhe. Eine Perlenkette von Erfolgen, so reihen sich die Episoden aneinander. Ringsum herrscht Friede.

Dieser selige Zustand läßt sich so leicht nicht darstellen. Es fehlt die weitgespannte Dynamik, die den »Entwicklungsroman« verklammert hat.

Die Komposition löst sich auf; typisch hagiographische »Versatzstücke« füllen den Text neben hübschen, abgerundeten Anekdoten.

Den Anfang macht ein kurzer Tugendkatalog, die notatio (c. 13).[1] Ihn ergänzt das asketische Erziehungsprogramm für die nächste Klostergeneration (c. 19). Gebete — orationes — (c. 12, c. 16) und Ermahnungen — adhortationes — (c. 21, c. 22) gehören zum Schema.

Manches wirkt klischeeartig, so der eingeflochtene Vermerk, die Heilige hätte unter anderen Umständen gewiß auch das Martyrium bestanden; solche Formeln entsprachen wohl dem Erwartungshorizont der Zuhörerinnen.

Unverkennbar bemüht sich der Autor um eine logische Anordnung der Einzelteile. Thematisch und zeitlich gehören die Kapitel 14/15 — Bau/Anpflanzung in Niedermünster — zusammen wie ihrerseits die Kapitel 17/18: Bauplanung/Bauarbeit auf dem

Berg. Das Verbindungsglied der inhaltlich so ungleichen Kapitel 19/20 heißt »Bruder«. Tod und Nachleben — die Kapitel 22/23 — bilden eine selbstverständliche Einheit. Doch dazwischen lockert sich das Gefüge; das Kapitel 21 »schwebt«, ohne Anknüpfung beiderseits.

Die Erzählungen — narrationes — illustrieren Kraft und Macht der Heiligen, ihr segensreiches Wirken (exempla). Sie führen ein in die Krisensituation, nennen den Ort, stellen zeitlichen Bezug her, geben die beteiligten Personen an. Auf die Rahmenhandlung folgt die Schilderung vom helfenden Eingreifen, »das die Krise löst, die Heilstat als hagiographische Pointe.«[2]

Am Rande versehen konkrete Einzelheiten — eher beiläufig eingestreut — den erbaulichen Text mit Zeit- und Lokalkolorit.

Drei Themen, die der Hagiograph auf eigene Art variiert, seien kurz angeschlagen.

Visionen

In den letzten Jahren zählen »Visionen« zu den gehobenen Modewörtern unserer Medien.[3] Kaum ein Politiker, sei er noch so knochentrocken, kommt ohne sie aus. So billige der tolerante Leser dem Hagiographen des 9. Jahrhunderts zu, was ihn im Journalistenjargon allerorts kaum mehr stört als die inflationäre Entwertung einer ursprünglich sehr hohen Metapher.

»Visio beatifica« bezeichnet schließlich das Ziel des Menschenlebens, unverlierbare Gotteserfahrung, ewige Gottesschau.

In der Vita erscheint die Leuchtkraft dieses Begriffs in mancherlei Facetten und Brechungen — von einer ungewissen Helligkeit, wie vor der Morgendämmerung, bis zum überwältigenden Glanz, den das sterbliche Auge nicht erträgt.
Ein frommer Wunsch erfüllt sich (c. 1).
Die »kluge« Amme (c. 10) erkennt im erbärmlichen Säugling die Himmelsgabe und vertraut, wie jede liebende Mutter, daß aus wenig hoffnungsvollem Nachwuchs doch noch etwas werden könne (c. 3).
Freudig folgt Bischof Erhard seinem Auftrag, dem vernachlässigten Fürstenkind sein Christen- und Menschenrecht zu verschaffen (c. 4).
Adalric allerdings verschließt sich seiner »Vision« wie der Botschaft und Mahnung des Freundes (c. 6).
Lichterscheinung und Gesicht zeigen Odilia bei der Rettung ihres Vaters die helfenden Engel (c. 12).
Beim nächtlichen Überdenken ihres Bauvorhabens im schwierigen Gelände empfängt sie die Erleuchtung durch Johannes den Täufer, ihren erwählten Vater, den Patron der Ingenieure (c. 17).
Die letzte Schau himmlischer Freude läßt sich nicht mehr in Worte fassen (c. 22).
Man bemerkt, daß alle Ahnungen, Prophezeiungen, Gesichte Gutes künden.
Die Befürchtung einer mißtrauischen Nonne erfüllt sich eben nicht (c. 15).
Selbst die »nur irdische« Strafe als Erhörung eines in mehr als einer Hinsicht unmöglichen Gebets ist nach mittelalterlichem Verständnis die bessere Alternative (c. 20).
Was bedeutet nun »Vision« in so vielfältiger Ausprägung, bei unterschiedlichen Personen?

Sicher dient das Wort als Chiffre für die Allursächlichkeit Gottes.[4]

Vom Menschen andererseits sagt es aus, daß seine Fähigkeiten wachsen, Grenzen überschreiten, falls er etwas aus eigener Kraft einsetzt: sei es das Bedürfnis, Gott zu dienen, sei es selbstlose Liebe zu einem Nächsten, seien es Offenheit, Gebet, Entsagung. Vertrauen plant; die Hände werken; der Rest ist Gnade und wird geschenkt.

Wunder?

Die Streitfrage, ob Wunder als wesentlicher Bestandteil ein Heiligenleben konstituieren,[5] wagt diese Skizze nicht zu entscheiden.

Es fällt nur in unserem Fall auf, wie sparsam der Autor das Wort selbst gebraucht.

Er wendet es direkt zweimal an: »accidit miraculum« (c. 18), »nonnulla miracula postea facta memorantur« (c. 23).

Entgegen der landläufigen Meinung, der sogar der kritische Herausgeber in den Analecta Bollandiana erliegt,[6] ist im vierten Kapitel, das Taufe und Heilung schildert, weit und breit von einem »Wunder« nicht die Rede.

Man vergleiche den nüchternen Bericht unserer Vita mit den üppigen Wucherungen, die den Vorgang in den Viten Hildulfi und Erhardi hagiologisch verfremden.

1. Vita Odiliae, c. 4 (40): »Tunc accepit ipsam puellam et secundum mandatum sibi datum eam in fontem sanctificatum inmersit. Et cum eam a fonte sancto elevaret et oculos ipsius crismate liniret, ilico ligaturis oculorum laxatis clare intendebat in fa-

ciem antistitis. Sanctus vero Dei famulus, ingenti gaudio repletus, Deo dignis laudibus gratias retulit ...«

2. Vita Hildulfi prima c. 11: »renovatur a Domino stupenda miracula ... Heticonis enim ducis filia, caeca nata, ad viros Dei defertur, utque eius misereantur a mestis parentibus humili prece poscuntur ...

Hildulfus baptisavit, eamque de sacro fonte, mente et carne illuminatam, beatus Hairardus excepit, et dato nomine Othiliam vocavit.«[7]

3. Vita Erhardi auctore Paulo, c. 7.:

Gott bezeugt durch Wunder — »ostendit miraculis« — die Verdienste des heiligen Bischofs. Erhard betet, daß Christi Licht Herz und Leib der Blinden erleuchte. »Deinde post sacrae fidei rudimenta, dato nomine pro gestu rerum Othilia, quod interpretatur Deus sol, cum sacri fontis immersit unda et ... — o virtus Dei mira sanctique patris merita! — secundum vocem ac voluntatem in terra petentis virtus agebat caelo praesidentis. ... Fit gaudium ingens circumquaque miraculum cognoscentium ...«[8]

In den zitierten Variationen bahnt sich die symbolische christliche Interpretation des Taufgeschehens an, die das rationalistische 19. Jahrhundert akzeptiert. Pfister wie auch die Gründerväter der Missionsabtei St. Ottilien sehen in Odilias Taufe ein Paradigma, wie durch das Sakrament das blinde Heidentum die Augen öffnet für Gottes Licht.[9]

Man kann, mit Eliade und Lüthi, im Vorgang eine anthropologische Urerfahrung ausgedrückt finden: den Übergang zur Reife, die Initiation, einen der »rites de passage« mit Vollzug eines Todes und einer Wiedergeburt zu höherem Leben.[10]

Zu diesen beiden schönen, tiefsinnigen Deutungen sei, in aller Vorsicht, eine dritte wenigstens zur Diskussion gestellt, die medizinische.
Odilia kam mit einem Augenschaden zur Welt. Der läßt sich unverzüglich feststellen, mithilfe einfacher Übungen.[11] Weiterhin: An Tagblindheit litten nicht selten Skrofulöse im Jugendalter. Die einfache Methode, ihnen für eine Weile Linderung zu verschaffen — ihnen die Augen zu öffnen — wandten noch nach dem 2. Weltkrieg Ophthalmologen einer deutschen Universitätsklinik an: Im Spielzimmer stand eine große Schüssel mit kaltem Wasser; nach Bedarf steckten die Kinder den Kopf hinein — und rissen die verklebten Lider auf.[12]
Im Frankenreich zu Odilias Zeit, man erinnert sich, wurde die Taufe durch Immersion gespendet.
Erweist sich an diesem Geschehnis, »daß den übernatürlichen Phänomenen oft natürliche Vorgänge zugrunde liegen, deren Ursachen wir nicht kennen, außer dem Gebet mit Wirkungen unbekannter seelischer Energien«[13]?
Segen, Taufbad und Salbung brechen den Bann des Bösen:
Bildhaft wiederholt Odilia die heilige, heilbringede Handlung in der seltsamen, aber keineswegs »wunderbaren« Szene, wo sie ihre übelbeleumundeten Lindenschößlinge der Heiligen Dreifaltigkeit weiht.

Das eine Wunder

Ein Bauvorhaben fordert sorgfältige Planung, dazu Mittel und Mut. Mißlingen wäre ärger als Unterlassung. Odilia überlegt eine schlaflose Nacht lang im Zwiegespräch mit ihrem Heiligen. Für die wirtschaftliche Basis hat die großzügige Ausstattung durch den fürstlichen Vater gesorgt. Die Verantwortung nimmt die Äbtissin allein auf sich — »ingenti gaudio repleta«, also mit Freude und Zuversicht (c. 17).

Das Wagnis, hier offenbar Odilias privates Unternehmen und einsame Entscheidung, nicht mitgetragen vom Konvent, gelingt; trotz des typischen Bauunfalls kommt nichts und niemand zu Schaden. Das bezeichnet der Autor als Wunder, zum ersten- und derart ausdrücklich zum einzigen Mal: »accidit miraculum« (c. 18).

Wunderbare Umstände begleiten den Tod der Äbtissin: Zweimal erwähnt der Hagiograph die »flagrantia miri odoris« (c. 22, c. 23), den sprichwörtlichen Geruch der Heiligkeit.

Als »Mirumque in modum« kommentiert er die kurzfristige Reanimation.

Am Grab läßt Gott Wunder geschehen »nonnulla miracula postea facta« (c. 23), wie der Autor zusammenfaßt.

Mehr schreibt er nicht, es fehlt ein Liber Miraculorum.

An späteren Übermalungen läßt sich leicht ablesen, welche unbequemen Wahrheiten man aus unserem Text entfernt bzw. gewandelter Denkweise angepaßt hat. Härten werden nicht zur Kenntnis genommen, negative Tatsachen auf den Kopf gestellt, Schwierigkeiten kurzerhand und reichlich durch »Wunder« beseitigt.[14]

An die 30 Jahre lang leitet Odilia ihren Konvent mit ebensoviel Weisheit wie Glück — »avec autant de sagesse que de bonheur.«[15]
Führungsmängel in berühmten Frauenklöstern gab's wiederholt. Sprengstoff hatte sogar die Heilige Radegundis selbst in ihrer Gründung, dem großen Hl.-Kreuz-Kloster zu Poitiers, eingelagert: zwei frustierte Königstöchter unter einer Äbtissin minderen Ranges und geringerer Autorität. Das explodierte bald nach der Königin Tod und entlud sich in den Schüben des »Nonnenkrieges« von Poitiers.
Gewalt brach ein in Kloster und Kirche, sprengte die Mauern von innen und außen, bemächtigte sich der hochberühmten Kreuzreliquie. Blut floß übers Grab der heiligen Stifterin. In kurzer Zeit verfielen Zucht und Ordnung, liefen junge Nonnen davon, nahmen sich Männer. Die vereinigten geistlichen und weltlichen Gewalten der fränkischen Reiche von Austrasien und Burgund — Bischöfe und Könige — brachten schließlich nach zahlreichen gescheiterten Versuchen einen Kompromiß zuwege. Die Hauptschuldige blieb unbestraft![16]
In Wimborne, einem großen englischen Doppelkloster unter der straffen Regierung der Königsschwester Tetta, probten junge Schwestern den Aufstand und verwüsteten das Grab einer eben beigesetzten allzu strengen Vorgesetzten.[17]
Wie vermied Odilia Konflikte mit und unter so viel Frauen?
Klug nützte sie die Gunst der Umstände. Ihr Vater hatte buchstäblich die Aussage ihres Namens erfüllt, Verwalterin des Erbgutes zu sein, und sie als

Herrin der Hohenburg eingesetzt. Mit seinem Nachfolger, ihrem Bruder, lebte sie in Frieden; seine drei Töchter fanden bei ihr ein zweites Elternhaus.

Äußere Sorgen bedrückten sie nicht.

Den Tageslauf ihres Konvents regelte der wohlorganisierte Dienst des unaufhörlichen Gotteslobs. Die Nonnen oblagen ihm abwechselnd. Der Pflicht folgte Entspannung; man traf und trennte sich gruppenweise. Jeweils einer kleinen Schar scheint ein eigenes Oratorium zugewiesen.

Odilia sieht bald die Notwendigkeit, Raum für den Andrang, Sicherheitsabstand untereinander zu schaffen. Platz bietet sich ostwärts, 300 Meter tiefer. Jederfrau leuchtete der Vorschlag ein, die Sozialstation des Klosters besser zugänglich ins quellenreiche Tal zu verlegen. Denn die Schwestern werden sowohl mit Gebet — Chorgesang — als auch mit Arbeit beschäftigt. Die Hilfsbedürftigen der Zeit sind — wie immer und überall — die Kranken. Für sie entsteht die Martinskirche und ein eigenes Hospital. Folgerichtig wünschen die Pflegerinnen, in der Nähe zu wohnen: Niedermünster, das zweite Kloster, nimmt den größeren Teil der Nonnen auf.

Fürsorge gilt gleicherweise den damals allgegenwärtigen Pilgern auf dem Weg nach Süden. Bei Odilia sind besonders die reiselustigen Engländerinnen gut aufgehoben. Eben die endeten sonst häufig als Straßenmädchen in Gallien und in der Lombardei.[18] Der Konvent öffnete sich; provinzielle Abschottung war vermieden.

Von strenger Klausur hören wir nichts.[19] Auf Hohenburg erübrigte sie sich sowieso. Selbstverständlich bewegen sich die Klosterfrauen in Niedermünster unter Patienten, Gästen und Bauarbeitern. Jedermann kann die Äbtissin ansprechen.

Wer sich zurückziehen will — das sind wenige — tut das. Odilia bleibt mit ein paar Gefährtinnen oben auf dem Berg, auch dort in neuen Häusern.

Denn bei aller Weltoffenheit — sie liebt die Stille, das einsame Gebet vor ihrem Gott.

Räumlich wie durch höfliche Umgangsformen schafft sie Abstand. Nicht von ihren Schwestern, von der Herrin heißt es, daß sie »cum humilitate et mansuetudine« (c. 16) ihre Überzeugung durchsetzt, auf lange Sicht sei für die Gemeinschaft die mildere Lebensform heilsamer. »Tunc omnes secundum illius verba elegerunt canonicam regulam …«

Wollte der Anonymus des 9. Jahrhunderts seiner Domina, deren Namen wir auch nicht kennen, den Spiegel vorhalten?

In Odilias Konvent herrscht Einmütigkeit, der consensus communis. Ohne Zustimmung aller läuft nichts.

Vor dem großen Unternehmen beruft die Äbtissin die Vollversammlung ein, trägt ihren Plan vor und begründet ihn. Das Plenum bejaht und segnet ihn ab: »convocavit omnem congregationem … omnes responderunt, optimum eius esse consilium. Et accepta earum benedictione … consilio illarum adsensum praebens« (c. 14).

Gemeinsames Beten erlangt das Geforderte: »omnisque congregatio simul cum ea …« (c. 20).

Den eindrucksvollsten Beleg liefert das Kapitel 22.

Entgegen Brauch und Herkommen möchte Odilia beim Sterben niemand um sich haben. Den versammelten Konvent weist sie zum Chorgebet in das andere Gotteshaus. Bei ihrer Rückkehr geraten

die enttäuschten Frauen außer sich: »nimio merore contristari coeperunt ... unanimiter in oratione prostratae, lacrimis ex intimo affectu profusis, Dominum rogavere ...«
Gott gibt ihnen recht. Er schickt die Seele seiner eigenwilligen Heiligen aus der Himmelsfreude für kurz zurück in die Hülle des Leibes, damit die Zeremonie würdig vollzogen werde, im Beisein der Kommunität, nach Empfang des Sakramentes.
Dem Consensus omnium fügt sich — trotz anfänglichen Widerstrebens — schließlich der Einzelne. »Recht ist die Übereinstimmung, das Einigsein aller Angehörigen — und nicht nur der Mehrheit! — ... in den grundlegenden Fragen.«[20]

Ein Bild der Heiligen?

Wie war Odilia?
Einige Bilder bieten sich an.
Das älteste von ihnen trägt die Stele aus dem 12. Jahrhundert, die im Kloster auf dem Odilienberg überdauert hat, zugleich mit der Relieffigur St. Leudegars.
Vandalen der Französischen Revolution zerschlugen die Gesichter. Erhalten ist Silbermanns klassizistische Wiedergabe von 1781,[21] wenige Jahre bevor der Greuel der Verwüstung über Hohenburg brandete:
Vor dem heiter thronenden Herzog steht ein kleines Fräulein mit offenem, hellem Gesicht. Das geflochtene Haar, gut sichtbar unter dem lockeren Schleier, reicht zur Hüfte. Aus der Rechten des »*Eticho Dux*« nimmt sie das Buch, Symbol ihrer klösterlichen Berufung, in Empfang.

Oder wir betrachten Ohressers Skulptur in der Johannes-Kapelle.[22]

Eine strenge Gestalt in faltenreicher Nonnenkleidung sitzt gebieterisch über dem Altar, die Rechte segnend ausgestreckt, während die Linke Buch und Stab zu fassen hat. Die knochigen Hände deuten auf höheres Alter, ebenso das asketische Antlitz. Die Nase ist lang, das Kinn schmal. Breite Jochbögen beherrschen die Züge. Aus großen Augen blickt die Äbtissin herab auf ihre Gemeinde.

F. Danis' Mosaik in der Tränenkapelle stellt Odilia als Orante dar nach frühchristlichen Vorbildern.[23]

Auf einer Blumenflur neigt sie sich zum Gebet. Ein langes weißes Gewand — Taufkleid, Albe, Habit der Kanonissin — hüllt sie ein. Ihr Haupt bedeckt ein hellroter Schleier.

Die beiden Farben — Gold in der Liturgie und kostbarer Scharlach — symbolisieren den jungfräulichen geistlichen Stand, die ewige Herrlichkeit, aber auch den Fürstenrang der Heiligen in dieser Welt.

War Odilia die »schöne Grafentochter«, als die Goethe sie seit seiner Pfingstwallfahrt 1771 als Straßburger Student in freundlicher Erinnerung behielt?[24]

Unsere Vita sagt kein Wort davon. Sie nennt den jungen Bruder »fratrem decorum« und stellt im gleichen Atemzug fest: »quem et ipse pater valde diligebat« (c.7).

Bezeichnenderweise fehlt beim Mädchen jeder Hinweis auf das Äußere, obwohl die üblichen Formeln, wie »pulchra facie et eleganti corpore, sed pulchrior mente et formosior castitate« sonst noch 200 Jahre nach der tatsächlichen Lebenszeit heiliger Klosterfrauen als reine *topoi* verwendet wurden.[25]

Aber hier schweigt unser Text beredt und sicherlich bewußt.
Auch deutet die Vita nicht im entferntesten irgendwelche Heiratspläne an (ein Mangel, den spätere Legenden mit üppiger Romantik zu beheben suchten). Tatsächlich stand wohl von vornherein nie in Frage, daß das armselige Kind wenn, dann nur in einem Kloster die Chance zur bestmöglichen Entfaltung finden konnte.
Immerhin erreichte die Frau das für damalige Verhältnisse hohe Alter von mehr als 60 Jahren.[26]

Charakterzüge

Für Odilias Liebenswürdigkeit und Herzensgüte sprechen mancherlei Szenen. Sie scheint diese Tugenden im Lauf des Lebens gelernt zu haben. Die zweite Begegnung mit dem Vater — nach langer Zeit — verläuft in höfischen Formen und endet glückhaft; im Umgang mit den Nonnen und dem quidam vir während des Klosterbaus werden Konflikte im Vorfeld entschärft; es kommt erst gar nicht zur Auseinandersetzung. Weisung und Beispiel halten den Konvent zusammen.
Früh auf sich selbst gestellt, mußte die junge Frau ohne Rat und Aussprache den eigenen Weg suchen. Sie entscheidet alleine, sucht durchzusetzen, was sie will.[27] Um die unwürdige Verbannung in Palma zu beenden, gewinnt sie die Hilfe ihres Bruders. Keinen Menschen frägt sie beim Bau der Johanneskirche. Der Täufer allein ist ihr Architekt, der ihr das Einschlägige klarmacht. Auf den Dienst geweihter Priester legt die Äbtissin Wert; als Sterbebeistand für ihre Person braucht sie keinen.

Ihre Selbständigkeit ist zukunftsweisend.[28]
Auch Dankbarkeit zeichnet Odilia aus.
Der Amme leistet sie die Pflicht des nächsten Angehörigen: sie sorgt für das würdige Begräbnis.
Ihrer englischen Erzieherin zahlt sie die Fürsorge zurück, indem sie den Pilgerinnen ihrer Insel an erster Stelle Gastfreundschaft bietet.
Und ihrem Vater zuliebe bezwingt sie Gottes Gerechtigkeit. Dem Adalric verdankt sie nun einmal das Leben. Trotz aller Widrigkeiten — Krankheit, Mangel, Zurücksetzung und Feindschaft —, sie hat es angenommen, bejaht und bestanden in der Kraft Gottes.

Anmerkungen

Anmerkungen zu I.

1 »Verwalter des Erbguts«: altsächs. ōd »Reichtum, Besitz, Erbgut«, ahd. *uodal* »Erbgut, Heimat«, *adal* = edles Geschlecht, vererbter Adel; *a (ia)*-Endung: weiblich;
s. Bach, Deutsche Namenkunde I 1, 222 § 202; 103 § 96; Barth, Die Heilige Odilia I, S. 60; Burg, Le duché d'Alsace, 62; Levillain, L'Alsace, 182.

2 Brommer, Wallfahrten, 137–8: St. Ulrich/Kirche und Brunnenkapelle; Fuhrmann, Neues zur Biographie des Ulrich v. Zell, 369 ff; bes. 371, Anm. 8; 373, Anm. 14.

3 Brommer, Wallfahrten, 115–7: Freiburg Kapelle St. Ottilien/Kapelle St. Wendelin; Hülsmann, Die Verehrung der hl. Ottilie in der Erzdiözese Freiburg.

4 Burg, Le duché d'Alsace, 186: »… l'Alsace du XXe siècle est restée l'Alsace d'Adalric«; Identität des Elsaß, a. a. O., 187.

5 »Alsaciones«: Fredegar 2.IV, c. 37, SS rer Merov. II, S. 138, s. Büttner, Geschichte des Elsaß I, 35; Burg, Das elsäss. Herzogtum, 84;
»die in der Fremde wohnenden Franken«: s. Langenbeck, Probleme der elsäss. Geschichte, 20; Name erstmals 609/610, zusammen mit einheitlicher Landesverwaltung.

6 dux Alsatiae, fränkischer Beamter »ad nutum principis«, etwa seit 630–640: Burg, a. a. O., 85. Herzogtum als Verwaltungseinheit entstand, der Sache nach, aus dem spätantiken weströmischen Dukat im Grenzbereich. Vom König eingesetzt, ist der Dux zuständig für Heerführung und Gerichtsbarkeit. Er kann zum Unterkönig aufsteigen, wenn die Zentralgewalt verfällt. Andererseits ist das fränkische Herzogtum keine Dauereinrichtung. Vgl. Werle, »Herzog/Herzogtum« im Handwörterbuch zur deutschen Rechtsgeschichte II, 119–127.

7 Büttner, Geschichte des Elsaß I, 52–4; Burg, Le duché d'Alsace, 183; Burg, Das elsäss. Herzogtum, 84.

8 Diese Beschreibung folgt den Angaben bei Büttner, Geschichte des Elsaß I, 60–98; ders., Schwaben u. Schweiz, 21 ff; Burg, Le duché d'Alsace, 183 ff; ders., Das elsäss. Herzogtum, 93; Langenbeck, Probleme, 76, 80; Sprandel, Der merovingische Adel, 100.
Wehrmeister, Die hl. Ottilia, 11, lieferte die Kartenskizze S. 144. Im einzelnen läßt sich über den Grenzverlauf streiten: Der Rhein suchte zuweilen andere Wege; er verband eher die beidseitigen Ebenen, anstatt sie zu trennen. Erst der Schwarzwald blockierte das Terrain (Büttner, Geschichte des Elsaß I, 94; ders., Schwaben und Schweiz, 63–64). Jenseits des Vogesenkamms könnte Habendum-Remiremont dem Elsaß zugeordnet werden (Burg, Histoire de l'église d'Alsace 95; Andeutung bei Wilsdorf, Remire-

mont, 54). Über die Verhältnisse im Süden, besonders hinsichtlich der bei Wehrmeister weit ostwärts verzeichneten Grenze bis zur Aare-Mündung, gehen die Meinungen auseinander (Burg, a. a. O., 93–4, gegen Büttner, Schwaben und Schweiz, 22).

9 Etichonen: Niedergang der älteren Linie — mutmaßliche Herkunft der jüngeren Linie, Fortdauer des Geschlechts: Büttner, Geschichte des Elsaß I, 112–13; Burg, Le duché d'Alsace, 67; Langenbeck, Probleme, 85; Levillain, L'Alsace, 185; Pfister, Le Duché, 33–4; Vollmer, Die Etichonen, 158; Wilsdorf, Les Étichonides, bes. 31–2; ders., Le »monasterium Scottorum«, 29. Stammbaum: 20; ders., Remiremont, 52–4.

Brun v. Toul — Papst Leo IX. auf Hohenburg: Barth, Die Hl. Ottilie I, 32; 75; Büttner, Studien, 22, Anm. 4; 131; Brackmann, Regesta Pontificum Romanorum, 35: »constringente parentum morum debita.« Hlawitschka, Die Anfänge des Hauses Habsburg-Lothringen, 109; Legros, Le Mont Ste. Odile, 134–5; Pétry-Will, Le Mont Sainte-Odile, 162; Vollmer, Die Etichonen, 181.

Stammbaum zu späten Karolingern, Capetingern usw. erstellt bei Schoepflin, Alsatia illustrata t II, 459–466; Vollmer, a. a. O., 183–4; Wemple, Women in Frankish Society, 92.

10 Über Gundoin s. Burg, Le duché, 48–9; ders., Das elsäss. Herzogtum, 85. Bonifacius nachweisbar bis 664/6: Büttner, Geschichte des Elsaß I, 67, Anm. 33. Adalric, Namensformen s. Burg, a. a. O., 50–3; 59: patricius = duc de Provence, territorium Galliensium = das alte Burgund, Gallia, im V. bis VI. Jhdt. = Lugdunensis Prima und Maxima Sequanorum. »migration de leudes« i. J. 585 aus Burgund nach Austrasien: Foltz, Remiremont, 17. Über die burgundische Herkunft Adalrics auch Levillain, L'Alsace, 182; Prinz, Frühes Mönchtum, 217. Etichonen möglicherweise verwandt mit Agilolfingern und Burgundofaronen: Vollmer, Die Etichonen, 144.

Entzug burgundischer Güter: Langenbeck, Probleme, 27–9; Versöhnung und Neuausstattung im Elsaß: Levillain, L'Alsace, 183, Anm. 4.

Adalrics Regierungszeit als Herzog im Elsaß bis ungefähr 700: Burg, Le duché, 50–3. Die Vita deutet einen früheren Rückzug aus dem aktiven politischen Leben an (c. 8); dem widerspräche die Erwähnung eines comes gleichen Namens am fränkischen Hof in zwei Urkunden für 693 und 697 (Levillain, L'Alsace, 124, Anm. 447; 183) keineswegs: es fehlt der Herzogstitel. Auch könnte es sich beim fraglichen Grafen um einen Neffen handeln, einen jüngeren Adalric als Sohn eines Bruders (a. a. O., 185). Erwähnung eines Adalric 728 in der Murbacher Urkunde: s. Vollmer, Die Etichonen, 145.

11 Langenbeck, Probleme, 74.

12 Verwandtschaft Leudegars mit den Etichonen über Adalrics Frau Persinda: Vita Odiliae c. 2. Zitat aus der späteren

Ebersheimer Chronik (12. Jhdt.) bei Levison, Edition SS rer Merov. VI, 38, Anm. 3: »Berswindam filiam sororis sancti Leodegarii episcopi et martiris et Garini comitis Pictavensis sororem videlicet reginae«. Pfister, Le Duché, 84; Vollmer, Die Etichonen 146. I

Bersinda und Sigrada, Leudegars Mutter, sind Schwestern: Prinz, Frühes Mönchtum, 499; Sprandel, Der merovingische Adel, 55.

Verehrung Leudegars in den Etichonenklöstern — s. Abbildung auf der Stele in Hohenburg — Büttner, Geschichte des Elsaß, I 85; Burg, Histoire de l'église d'Alsace, 85; Prinz, Frühes Mönchtum, 503, auch Anm. 149; Riffenach, Odile d'Alsace, 102–3. Nach Gebwilers S. Otilien, 52, weihte er Niedermünster (!), nach Peltre, LA VIE, 6, auf Hohenburg die Rotundenkirche mit den sechs Säulen aus der Antike. Adalrics Enkel Eberhard »dedicavit Murbach in honorem S. Leudegarii, adfinis utique sui« s. Mabillon, Edition 442.

Passio Leudegarii ed. Krusch, SS rer Merov. V, bes. c. 29/30, S. 310–1; c. 33/4, S. 3/4–7. Datierung der Viten bald nach dem Tod Leudegars am 4. XI. 678 oder 679: Krusch, Einleitung zu den Editionen, 249 und 256. Dazu Barth, Influence, 28–9; Berschin, Biographie und Epochenstil II, 66–7; Burg, Das elsäss. Herzogtum, 86; Ewig, Die fränkischen Teilungen, 213–5; ders., Die Merowinger, 160–72. Langenbeck, Probleme, 73; Levillain, L'Alsace, 181, Anm. 4. Pfister, Le Duché, 25: Versuch, Adalric zu entlasten: Er habe vor Leudegars endgültiger Hinrichtung wieder die Partei gewechselt.

13 Vita Germani abbatis Grandivallensis auct. Boboleno ed. Krusch SS rer Merov. V, c. 11–2, S. 38. Datierung der Vita bald nach den Ereignissen des Jahres 675: Krusch, Einleitung, 27. Über die Ereignisse: Barth, Influence, 29; Berschin, Biographie und Epochenstil II, 76; Büttner, Geschichte des Elsaß I, 47–8; Graus, Sozialgeschichtliche Aspekte der Hagiographie, 148–50, 169; Langenbeck, Probleme, 76–8; Schenker, Der heilige Germanus, 662–73, bes. 667, auch Anm. 18.

14 675 hatte Bischof Leudegar König Theuderich III. den Leudesius, Sohn des fränkischen Hausmeiers Erchinoald, als Majordomus für Neustrien-Burgund gegeben. Ebroin, mittlerweile auf der Seite Austrasiens, brachte ihn heimtückisch um. (Ebroin erlag 680 selbst einem Attentat und machte dem Pippin von Heristal Platz.) War Leudesius ein Verwandter Leudegars (Namensähnlichkeit!), war er identisch mit »Liuthericus«, den die Vita Odiliae, c. 1, als maior domus — allerdings des Childerich — und Vater des Adalric bezeichnet? Identität fraglich, jedoch zur Diskussion gestellt, bei: Levison, Edition, 37, Anm. 3; Mabillon, Observationes Praeviae zur Edition, 441, Anm. 3. Die Gleichsetzung schließen aus: Pfister, Le Duché, 82; Vollmer, Die Etichonen, 143–4. Die Möglichkeit der Identität räumen nach sorgfältiger Prüfung mit Vorbehalt ein: Barth, Die Legende

und Verehrung der hl. Attala, 112, Anm. 7; Burg, Le duché d'Alsace, 58–9. Feststellung: Adalric ist Erchinoalds Enkel, also Sohn oder Brudersohn des Leudesius, ohne weiteren Nachweis: Daniel-Rops, Le Mont Ste. Odile, 19. Liutherich ist identisch mit Leudesius: Wehrmeister, Die hl. Ottilia, 130, Anm. 21.

15 Über Adalrics Charakter, gespalten zwischen barbarischer Hemmungslosigkeit und den Anforderungen eines neuen Wertesystems: Burg, Histoire de l'église d'Alsace, 42; Graus, Volk, Herrscher u. Heiliger, 246, Anm. 320. Gebwiler sucht die Härten in der Vita zu mildern und den Herzog zu entlasten. Dieser habe seine Tochter nicht töten, sondern verbannen wollen (S. Otilien, 32). Keineswegs sei der fromme Mann an seinem jüngsten Sohn, »Hugo«, zum Mörder geworden, denn dieser habe Nachkommen hinterlassen. Personen seien verwechselt worden. Ein Diener habe den Hugo später erschlagen, »als die Histori anzeiget« (37–9). Diesen Tatbestand — Siechtum und Tod — berichtet die Vita Attalae nun von Odilias ältestem Bruder Adalbert, so Barth, Die Legende und Verehrung der hl. Attala, 117.

Auch Peltre, La Vie, 15, will nicht wahrhaben, daß Adalric der Blinden den Tod bestimmte. Jedoch räumt er diesbezügliche schriftliche Überlieferung ein. Hugo stirbt nicht. Mit seiner Gattin Hermentrude zeugt er drei Söhne, Remigius, Bischof von Straßburg, Bleon und Bodulus (a. a. O., 44).

Die Risse in Adalrics Persönlichkeitstruktur kommentiert der Prämonstratenser ähnlich wie Burg, a. a. O., 4–5: »juste, droit, sincere, liberal, ferme dans ses resolutions, véritablement Chrétiens«, trotzdem: »quelque chose de sauvage et de rude ... de barbare celon le caractère des Princes de ces temps là«. Des Freiburger Kapuziners Kurtz=verfaßter Lebens=Lauff von 1720, der Peltres Werk zur Wallfahrtsförderung volkstümlich vereinfacht (Vorred 7–8), tilgt die Schatten so weit, daß ein fast schlackenloses Heiligenbild übrigbleibt. Einziger Fehler des Herzogs ist, daß er »noch zuweilen gechschützig sich vergasse« (10, ferner 52).

Wie disparat, wie brüchig sich ein Charakter in der stürmischen Übergangszeit zwischen Antike und Mittelalter darstellen konnte, lesen wir um 650 in der soganannten Chronik des Fredegar bei der abschließenden Beurteilung König Chlothars II. Auf der gleichen Seite, in der berichtet wird, mit welch raffinierter Bosheit dieser Sohn der Fredegunde seine Todfeindin, Tante und Schwägerin, die 60jährige Königin Brunhilde, im Jahr 613 zu Tode quälte, heißt es von ihm, daß er fortan noch 16 Jahre, bis zu seinem natürlichen Ende, glücklich regierte, im Frieden mit seinen Nachbarn lebte, daß er langmütig gewesen sei — »patienciae dedi-tus« —, gebildet, gottesfürchtig, freigebig gegenüber der Kirche und den Armen, gütig zu allen und fromm; daß er jedoch allzugern das Wild gejagt und Frauen und Mädchen nachgestellt habe: »Ob hoc quidem blasphematur a leudibus« (Chronicarum libri IV, 1 IV, c. 42, S. 142). I

16 Liber historiae Francorum, c. 45, S. 318; dazu: Ewig, Studien, 26–7; ders., Die Merowinger, 153–9.

17 Childerich II. hatte seine Kusine Bilihild zur Frau, vgl. Passio Leudegarii ep. Augustodunensis I, c. 8, S. 290: »Childericum coepit arguere, ... quod reginam, quam habebat coniugem, filia esset sui avunculi« sowie Krusch, Edition, S. 290, Anm. 4.
Wegen des Pronomens, das auf Subjekt wie Objekt gleicherweise paßt, schien die Textstelle nicht ganz eindeutig, s. Schoepflin, Alsatia illustrata I, S. 759, auch Anm. 2.

18 Burg, Le duché, 187.

19 Klostergründungen der Etichonen: Barth, Influence de Ste. Odile, 30 ff; 40 ff; 76–7; Büttner, Geschichte des Elsaß I, 69 ff; ders., Studien z. Geschichte des Stiftes Hohenburg, 103 ff; Burg, Das elsäss. Herzogtum, 90; Prinz, Frühes Mönchtum, 223–4; Uhry, le mont-sainte-Odile, 12–26; Vollmer, Die Etichonen, 148–9; Wilsdorf, Le »monasterium Scottorum«, 1–87; ders., Remiremont et Murbach, 53–4.

20 Das »Jahrhundert des hl. Columban«: Walker, Einleitung zur Edition S. Columbani opera, Chapter I, xliv; folgend Biographie des Heiligen u. Charakteristik.
Hinweise zur Literatur müssen fragmentarisch bleiben. Benutzt wurden hauptsächlich: Angenendt, Das Frühmittelalter, 223, Folgerung: Die Mission der Iren, die antike Urbanität nicht kannten, traf in Gallien auf eine tief verunsicherte barbarische Gesellschaft im Übergang. Die Blütezeit währte kaum ein Jahrhundert, die Wirkung hielt an. Dem Mittelalter blieb auf sozio-ökonomischen Gebiet die Hochschätzung der Arbeit, die der Lokalität der Irenklöster nach Land- und Handarbeit war. Zum Boden gehörten ackerbauende Sklaven. Ihre Seßhaftmachung führte schließlich zur Aufhebung der Sklaverei. »Muße« geriet als Müßiggang in Mißkredit.
Bernoulli, Die Heiligen der Merowinger, 125 ff; Berschin, Biographie und Epochenstil II, 26 ff; Brennan (Hg), Columbanus and Merovingian Monasticism, mit den Beiträgen von James, Picard, Prinz, Riché, Wood; Frank, Frühes Mönchtum im Abendland II, 169–230; Gougaud, Christianity in Celtic Lands, 140–6; Levison, Die Iren und die fränkische Kirche; Löwe (Hg), Die Iren und Europa, mit den Beiträgen von Angenendt, Eberl, Koller, Kottje, Prinz, Schäferdiek, Strasser, Vogt; Prinz, Frühes Mönchtum, 121 ff; Riché, Éducation et culture, 371–83: II. Les moines irlandaises et la culture de la Gaule; Ryan, Irish Monasticism, bes. Section III, 193–409; de Vogüé, Vorwort zur Übersetzung der Vita Columbani des Jonas v. Bobbio, 35 ff; Wilsdorf, Le »monasterium Scottorum«, 55.

21 Borst, Mönche am Bodensee, 19 ff.

22 Gougaud, Christianity in Celtic Lands, 152, auch Anm. 4; Koller, Die Iren und die Christianisierung der Bayern, 343,

362, 387: über die Chiemseeklöster; 388: neuere Literatur hierzu; 360–1, 389, Anm. 47: Eustasius in Weltenburg? Prinz, Columbanus, 81; Riché, Columbanus, 65.

23 Columbanus und Eustasius († 629) pflegten die spirituelle Freundschaft mit Frauen, ohne Berührungsängste. Columban erbittet dem burgundischen Herzogspaar Waldelenus und Flavia den langentbehrten Kindersegen. Dafür bedingt er sich beim Erstgeborenen die Patenstelle aus. Dieser Sohn, von ihm Donat genannt, wird später Bischof von Besançon und verfaßt eine kolumbanisch-benediktinische Mischregel für das Frauenkloster, das seine Mutter als Witwe gründet (V. Columbani auct. Jona, l.I, c. 14; de Vogüé, Übersetzung, 126, Anm. 8). Der Heilige weiht bei Meaux in der Villa ihres Vaters, des Magnaten Chagneric, die kindliche Burgundofara (Vita, l.I, c. 26; de Vogüé, a. a. O., 161, Anm. 19). Ihr Bruder Chagnoald tritt als Mönch in seinen Dienst (als Bischof von Laon † 632), ein weiterer Bruder, Burgundofaro, führt den Hirtenstab im Heimatbistum Meaux († 672); ein Vetter väterlicherseits, Agilus, begleitet Eustasius. Waldebert, ein anderer Verwandter, folgt in Luxeuil als dritter Abt († 670) und mäßigt, nach der Rebllion des Mönches Agrestius, die strengen irischen Bräuche mit benediktinischer Lebensklugheit (Vita, l.II, c.8; Angenendt, Das Frühmittelalter, 256; Gougaud, Christianity, 142; Krusch, Einleitung zur Edition, der Vita Columbani 25–7; de Vogüé, a. a. O., 142, Anm. 12). Später heilt Eustasius Burgundofara von einer Augenkrankheit und hilft ihr, gegen den väterlichen Widerstand ihre geistliche Berufung durchzusetzen (Vita, l. II, c. 7). Ihrem Kloster Faremoutiers-en-Brie (gegr. 627) — er kannte es persönlich — widmete Jonas v. Bobbio die Kapitel 11–22 des zweiten Buches seiner Vita. Auf Bitten ihrer Mutter Aiga, der Frau des Authari (= Audoin) in Ussy-sur-Marne, segnet Columban die Buben Ado und Dado. Als Erwachsenen machen beide Karriere am Königshof Chlothars II. und Dagoberts. Dann gründet der eine das Doppelkloster Jouarre, das die Frauen seiner Familie regieren, der andere Rebais-en-Brie. Aus Dado wird der hl. Bischof Ouen v. Rouen (Vita Columbani auct. Jona, l.I, c. 26; Vita Audoini ep. Rotomagensis, c. 1–3, S. 554–5; Angenendt, a. a. O., 217; de Vogüé, a. a. O., 156, Anm. 6 u. 7). Eustasius, von Bayern zurückgekehrt, heilt auf dem Landgut Gundoins an der Meuse die erblindete Tochter Sadalberga, indem er nach gewissenhafter Vorbereitung Öl in die kranken Augen träufelt (Vita Columbani auct. Joha, l.II, c. 8; Vita Sadalbergae abb. Laudunensis, c. 4, S. 53). Nach zwei Ehen baut Sadalberga schließlich in Laon ihr großes Frauenkloster (de Vogüé, a. a. O., 191–2).

Die Frauen der fränkischen Oberschicht fühlten sich von Columbans Forderungen, das Leben nach dem Evangelium zu führen, besonders angesprochen (Berschin, Biographie und Epochenstil II, 111). Zwischen 590 und 680 entstanden etwa 70 Klöster für Nonnen im ländlichen Raum (Guillaume, Les abbayes des femmes en pays franc, 42; Riché, Éducation et culture, 377; Wemple, Women in Frankish Society, 159).

24 Die Doppelklöster unterstanden Äbtissinnen, »provided the female element of the ruling caste with something to rule. The great abbess moving into the seat of power needed more than piety or vocation« (Nicholson, Feminae gloriosae, 18). In Remiremont, das damals zum Elsaß gehört haben könnte, erlosch bald der zahlenmäßig schwächerere Männerkonvent; seit dem 9. Jhdt. lebten die Nonnen als Kanonissen. Gab es eine vergleichbare Entwicklung auf Hohenburg?

In Sachen Doppelklöster äußern sich Gougaud (Christianity in Celtic Lands, 85–6), Hilpisch (Die Doppelklöster, 31–2), Prinz (Frühes Mönchtum, 658), Ryan (Irish Monasticism, 141 ff) zurückhaltend. Ebenso wie Gougaud und Hilpisch würdigt Ryan (a. a. O., 179–84) die große Anlage des Doppelkosters Kildare am Liffey im irischen Leinster. Er möchte jedoch die Befugnisse der hochverehrten Gründerin Brigida (~ 450 – ~ 525) eingeschränkt wissen. Hagiograph Cogitosus bediene sich, etwa 125 Jahre nach dem Tod der Heiligen, einer blumigen Sprache, übertreibe kavaliersmäßig. Lächerlich wäre, seine Redensarten ernst zu nehmen, nämlich daß Brigida die Bischofsweihe empfangen hätte, aber nur das Bußsakrament verwalten wollte. Immerhin regierte sie in Eintracht zusammen mit dem von ihr ausgesuchten Emeriten-Bischof Conlaed ihre »paruchia«, so hieß in Irland das Gebiet eines Abt-Bischofs, denn den Begriff »Diözese« kannte man nicht (Angenendt, Das Frühmittelalter, 206; Berschin, Biographie und Epochenstil II, 232: Brigidas Selbstbewußtsein und Amtsverständnis; Gougaud, a. a. O., 66; Krüger, Überlegungen, 165; 170, Anm. 29). Der Bischofssitz hieß »at once episcopal and virginal« bzw. »cathedra episcopalis et puellaris« (so Vogt, Zur Spiritualität des frühen irischen Mönchtums, 41, Anm. 69). St. Patrick (* nach 375, † 461, s. Gougaud, a. a. O., 47) erkennt der »lieben Brigida« ausdrücklich die Alleinherrschaft »monarchiam« zu, »paruchia tua in pronvincia tua«, so wie ihm das Dominat gebührt in der Ost- und Westregion (Ryan, a. a. O., 182, Anm. 2).

Wie erklärt sich die Spitzenposition der Äbtissin, ihre Befehlsgewalt auch über Mönche (Angenendt, Das Frühmittelalter, 208; Wemple, Women in Frankish Society, 286, Anm. 73)? Im Kloster auf familieneigenem Grund behielt die adelige Stifterin ihre gewohnte Dienerschaft bei (Folz, Remiremont, 21–22). Selbst die Reclusinnen in den Höhlen um Baume-les-Dames verzichteten nicht auf Knechte (Guillaume, Les abbayes des femmes, 39). Sowohl zum Schutz als auch zur Schwerarbeit in Feld und Wald brauchten die Damen Hilfe durch Männer (Angenendt, a. a. O., 217; Hilpisch, Die Doppelklöster, 54, Wemple, a. a. O., 160). Angewiesen waren sie auf geweihte Priester zur Feier des Meß-

I opfers. Dafür trug auch Odilia Sorge: »et viros religiosos ex diversis provinciis venientes cum gaudio suscepit et ex eis sibi prespiteros ordinari rogavit« (Vita, c. 16, S. 45–6).

25 Riché, Columbanus, 70.

26 Angenendt, Das Frühmittelalter, 210–3, auch 223, beurteilt die Praxis der irischen Tarifbuße kritisch. Vindikativ und »talionartig« wie das weltliche Recht konzipiert, vermittle sie nicht das evangelische Gottesbild vom barmherzigen Vater. »Es beginnt hier das Überwiegen des äußeren Werkes und der zählbaren Leistung.«
Andererseits leuchtete die irische Art der Gewissensbildung den Germanen als handfeste, klare Regel ein. Mit abstrakter Gesinnungsethik hätten sie nichts anzufangen gewußt, denn bei ihnen galt: »Die Tat richtet den Mann«. Im übrigen differenzierten die Poenitentiale nach Alter, Stand, Geschlecht u. straften auch Gedankensünden (Kottje, Überlieferung und Rezeption der irischen Bußbücher, 513; Laporte, Le Penitentiel de Saint Columban). Stellvertretende Buße erlaubte Sorge für ein Familienmitglied über den Tod hinaus, warf sozusagen vom Diesseits der ungeläuterten Seele noch einen Rettungsring zu.
Angenendt, Die irische Pergrenatio, 55–6, leitet den höchsten Posten in der Tarifbuße, die Wallfahrt übers Meer, ab vom vorchristlichen Urteil zu lebenslänglicher Verbannung von der Insel bei Schwerstverbrechen. Mönche nahmen diese Strafe freiwillig auf sich. Vgl. Burg, Histoire de l'église d'Alsace, 51: Ohrenbeichte; Le Goff, Histoire, 137–8: Auflistung von Schuld u. korrespondierender Strafe entsprach der législation civile. Levison, Die Iren und die fränkische Kirche, 99–100; Riché, Columbanus, 67–8: »Each sin had its penitentiel payment« — Resultat: »a deepening in the notion of sin, a better knowledge of psychology.« Sprandel, Der merov. Adel, 23: Die Bußdisziplin des Columban bewirkte eine »Verfeinerung des Gewissens«. Walker, Einleitung zur Edition S. Columbani opera, xxxiii.

27 Die V. Odiliae notiert auf Hohenburg aufgenommene »feminas tam de Scotia quam etiam de Brittannia« (c. 16, S. 45, Z. 26) sowie zuvor eine Nonne, »quae de Brittanico territorio erat« (c. 9, S. 42, Z. 26–7). Diese Tatsache vermerkt Gougaud, Christianity, 169 u. 430, im Text sowie auf der Karte »Monasteries ... frequented by Irish monks and scholars«. Nur ist Hohenburg dort rheinabwärts gerutscht und nördlich von Straßburg und Honau zu finden.
Bei ihren mühsamen Reisen — meist zu Fuß, nach apostolischer Sitte — schätzten die Iren Gastfreundschaft als besondere soziale Tugend, und die Klöster des 7. Jhdts. im Lichtkreis Columbans, Faremoutiers, Rebais, Chelles, boten den Pilgern beider britischen Inseln großzügig und manchmal lebenslang Rastplätze (Gougaud, a. a. O., bes. 173–80 »Travelling Methods of the Islanders«, »›Hospitalia Scottorum‹«). Ähnlich der verschwenderisch gütigen Brigida von Kildare, übt Odilia — »hospitalitate praecipua« (c. 15, S. 45,

Z. 1) — von Herzen gern Gastfreundschaft (Gougaud, La culte de Ste. Brigide, 46; Ryan, Irish Monasticism, 134). Ihrer sozialen Verpflichtung wegen baut sie Martinskirche und Xenodochium in der Nähe der Pilgerstraße, der Konvent siedelt um. Auch in Irland hatte Cronan v. Ros Cre sein Kloster in besser zugänglichem Gelände neu errichtet, den Gästen zulieb (Ryan, a. a. O., 318, Anm. 8). So beschränkt sich die Gemeinschaft nicht auf Einheimische. Nachwuchs erhält sie »ex diversis gentibus«, in der Vita Odiliae »ex diversis provinciis« (c. 16, S. 45, Z. 27). Das weitet den Horizont, beugt kleinlicher Mißgunst vor, bereichert das Zusammenleben. Gastgeber und Fremde können »in geistlicher Liebe ein neues Volk bilden« (Angenendt, Die irische Peregrenatio, 78–9). I

Die Ausübung des Privatgebets, abseits der gemeinsamen liturgischen Feiern, entspricht orientalisch-irischem Brauch. Man zog sich zurück, oft in Höhlen unweit der Mönchssiedlung, und warf sich ausgestreckt zu Boden (V. Odiliae, c. 12, c. 17; vgl. Folz, Remiremont, 21–22; Gougaud, Christianity, 91; Riché, Columbanus, 68: »the Irish insisted on the purificatory role of personal prayer accompanied by prostrations in the Oriental manner.« Ryan., a. a. O., 134; Wood, A prelude to Columbanus, 17: über den Abt-Eremiten Amatus in Remiremont).

Jenseits-Visionen als »Grenzerfahrungen« sind irische Spezialitäten. Engel geleiten die scheidende Seele, Heilige holen beim Sterben ab (V. Odiliae, c. 12, c. 22). Kurzfristige Rückkehr von der Schwelle zur ewigen Freude, um in diesem Leben Versäumtes nachzuholen, wird auch einigen Nonnen der Burgundofara auferlegt: Jonas, V. Columbani, l.II, c. 11 u. 12). Schließlich verehrten die Scotti — wie in ihrem Honauer Kloster (Eberl, Das Iren-Kloster Honau, 236–7) — St. Michael, den Seelenführer schlechthin, durch eigene Patrozinien. An hervorragender Stelle war dem Engel auf Hohenburg die »hangende Kapelle« geweiht. Gibt es einen Ort in den Vogesen, wo sich die Entrücktheit des Inselheiligtums *Skeilg Michil* auf Skellig Rock vor Irlands Westküste nachahmen und -empfinden läßt, dann ist es hier. (Silbermann, Beschreibung von Hohenburg, 36: Engels- oder hangende Kapelle; Wagner, Tradition der Askese bei Wallfahrten in Irland, in Kriss-Rettenbeck/Mohler, Wallfahrt, 45, 47). Beide Male fordert die Bergnatur zum Abenteuer heraus. Auf *Skeilg Michil* entdeckt man heute nicht mehr begehbare Steige und Tritte; Das Kletterkunststück um die hangende Kapelle des Odilienbergs deuteten waghalsige Mädchen als Heiratsorakel. Die Kirchenbehörde sah das nicht gern und sperrte endlich den Felspfad. Barth (Die Heilige Odilia I, 345–9) mißbilligt die einstige Gepflogenheit und spricht ihr längere Tradition ab. Jedoch hatten die Prämonstratenser im 17. Jhdt., wie Silbermann festhielt, den Sarg des Adalric für geraume Zeit an der Außenwand der Kapelle über dem Abgrund festmauern lassen. Warum? Das Risiko wurde gesteigert, indem man schwere Steine mitschleppte. Vgl. Pfleger, Roches sacrées, I: Le tour de la pierre, 78 ff. Will, R./Himly, F. J., Les édifices religieux en Alsace, 58, setzen das Genitiv- bzw. Fugen-s der alten deutschen Bezeichnung dem französischen Plural-s gleich und lassen deshalb nur die Mehrzahl »anges« gelten.

28 Levison, Vorwort zur Edition, 28; Pfister, La Légende, 119: »toute l'histoire authentique tient en deux lignes«.

29 Grabstätte und Kult als Indizien überzeugend: Burg, Le duché d'Alsace, 13. Pfister, Le Duché, 157, stellt die Echtheit der heute noch verehrten Reliquien der hl. Odilia nicht in Frage. Doch gewissenhaft registriert er eine Unterbrechung der Tradition zwischen 14.8.1794 und 23.4.1795. Zum ersten Zeitpunkt erbrachen die Kommissare Georg Lehn/Michael Rapp v. Rosheim/St. Nabor u. fünf andere den Odiliensarg — und fanden ihn leer! Zum zweiten untersuchten ihn der engagierte Kanonikus Ludwig Rumpler, eben aus dem Gefängnis entlassen, mit Bürgermeister und Gemeinderäten von Otrott-le-Haut: Nun entdeckten sie unter den Trümmern des Sarkophagdeckels die Gebeine. Man vermutete, daß sie vor der Zerstörung des Grabes von Unbekannt geborgen worden waren, s. auch Barth, Die Hl. Odilia I, 19; Legros, Le Mont Ste. Odile, 197–98.

30 Überblick zur Geschichte des Klosters: Brackmann, Regesta Pontificum Romanorum, 34; Legros, a.a.O., 135 –249. Einzelverweise fehlen hier leider. Der Autor ist Barths umfassenden Recherchen verpflichtet. Pétry/Will, Le Mont Sainte Odile, 162; Silbermann, Joh. Andr., Beschreibung von Hohenburg, überliefert exakt und authentisch, wie sich im 18. Jhdt. Landschaft und Gebäude seinem Kennerauge darstellten. Der Straßburger Orgelbaumeister (1712–83) besuchte den Odilienberg wiederholt. Daneben betrieb er Forschung; so hat er auch die historischen Ereignisse des 16. und 17. Jhdts. sorgfältig erkundet und aufgezeichnet (Allgemeine Deutsche Biographie 34, 312–3). Uhry, Le mont-sainte-Odile, 48 ff; Wehrmeister, Die heilige Ottilia, bes. 80 ff.

1540 zerstörte ein Großfeuer Niedermünster, nachdem es 1525 im Bauernkrieg geplündert worden war. Nun verließen es die Kanonissen für immer. Die Gebäude, dann überdies vom Blitz getroffen, zerfielen. 1546 gaben die Kanonissen auch die Hohenburg auf. Am 24. März abends war im Badetrakt ein Brand ausgebrochen, das schon zerrüttete Kloster erholte sich nicht mehr. Zur Betreuung der Heiligtümer schickte der zuständige Straßburger Bischof am Beginn des 17. Jhdts. Prämonstratenser von Etival. Es ging wieder aufwärts, die Wallfahrt blühte, besonders, als 1661 ein Priorat gegründet wurde. Die Französische Revolution wütete schlimmer auf dem Berg als im Hundertjährigen Krieg die Engländer und die Mansfelder des Dreißigjährigen Krieges. Seit 1795 setzten sich immer wieder Elsässer

mutig, großzügig und erfolgreich ein, ihr nationales Erbe zu schützen und zu fördern. 1853 erwarb der Straßburger Bischof Raïs die Klostergüter zurück.
Lefftz, Sankt Odilien, 22, schildert das Volksfest an Pfingsten 1939 zur Einweihung der Um- und Neubauten: Vivat Christos, qui amat Francos! Riffenach, Odile d'Alsace, 134: Wallfahrten, Augenheilung noch anno 1953.

31 Vergleiche die vielerlei Facetten des Phänomens, von unterschiedlichen Autoren illustriert, in dem schönen Sammelband der Hrsg. Kriss-Rettenbeck/Mohler, Wallfahrt kennt keine Grenzen.

32 Guggenberger, Die neue Mehrheit der Lebenden; auch: Jünger, Die Schere, 176: »Der Mensch ist ein Wesen, das bestattet — das ist sein Kennzeichen schlechthin, selbst wenn er wie Antigone nur eine Handvoll Erde auf den Leichnam legt. Humare: humanitas. Darauf beruht die Kultur. Die Kultur ist kein Ergebnis der Geschichte, sondern geht ihr voran. Wo Begräbnis und Totenehrung verweigert oder weitgehend vernachlässigt werden, wird die Welt unheimlich. Ihre Verschmutzung ist demgegenüber sekundär.«

Anmerkungen zu II.

1 Zusammenstellung bei Barth, Die Heilige Odilia I, 43–4, Anm. 4.

2 »Als die heilich Odilia geboren war«, Nr. 13 in »Legendenlieder aus mündlicher Überlieferung«, 44, 97–101.

3 Legendenbildung: Barth, Die heilige Odilia I, 237 ff. Sehr ausführlich Wehrmeister, Die heilige Ottilia, 155–9, wo jeweils den Kapiteln der authentischen Vita im Kleindruck spätere Ausformungen angefügt sind.

4 Karl Ludwig Roth (Professor in Basel), Der St. Odilienberg, in Alsatia, Jahrbuch für elsäss. Geschichte, Sage, Sitte und Sprache, 1856–7, 65 ff. Roth bezweifelte nicht nur die Legenden, sondern die reale Existenz der Odilia. Darüber — und über die Reaktionen — s. Wehrmeister, a. a. O., 142–5, danach Barth, a. a. O., 12.

5 Pfister, Vorwort zur Edition Anal. Boll. XIII, 1894, 9: Verfasser Mönch Victor aus St. Gallen (Ekk. SS t 2, 116–7)?. Die späte Datierung übernehmen noch: Graus, Volk, Herrscher und Heiliger, 65, Anm. 27; Parisse, Les nonnes, 26; Prinz, Frühes Mönchtum, 224, Anm. 304; Will/Himly, Les édifices religieux, 56..

6 Barth, a. a. O., 3; Pfister, La Légende, 8: Wehrmeisters »très jolie ouvrage«.

7 Levison, Vorwort, 28, Anm. 2, 9: Bedenken zu Pfisters Datierung; Levison räumt die Möglichkeit der Abfassung Ende des 9. Jhdts. ein. Danach, entgegen Pfister, auch Barth, a. a. O., 53: letztes Drittel des 9. Jhdts.

8 Odilia und ihre Vita werden nicht erwähnt in den Werken von Aigrain, Delehaye, Le Goff…

9 Levison, Vorwort, 27: »Atque narratio de filia a patre reiecta, servata, postea reconciliata eiusmodi est, ut inter eas fabellas, quas vernacula linuga ›märchen‹ vocamus, haberi possit.«

10 Negative Kritik im neueren Schrifttum bei Graus, Volk, Herrscher und Heiliger, 246, Anm. 320. Künstle, Ikonographie der Heiligen, 475, nennt die Vita eine »rohe Erfindung« aus dem 10. Jhdt. Außerdem bei Prinz, Frühes Mönchtum, 224. Sprandel, Der merovingische Adel, 38, Anm. 135: »Die Vita hat einen geringen Quellenwert.« Ähnlich: Wattenbach/Levison, Deutschlands Geschichtsquellen im Mittelalter 1. Heft Vorzeit und Karolinger, 136, Anm. 330.

11 Positive Einschätzung der Vita Odiliae bei Barth, a. a. O., 54 ff (allerdings mit Ausnahme des, wie er meint, Wandermotivs im romantischen ersten Teil: »eine rohe Erfindung des Legendenschreibers.«); ders., Die Legende und Verehrung der hl. Attala, 108 ff; Burg, Le duché d'Alsace, 11; Vollmer, Die Etichonen, 147. Wattenbach-Holtzmann, Deutschlands Geschichtsquellen im Mittelalter I/2, 253–4, stellt von der »anmutig erzählten, romanhaften Geschichte etwa aus der Mitte des 10. Jhdts.« fest, sie enthalte »eine Reihe brauchbarer Nachrichten über Persönlichkeiten der späteren Merowingerzeit.« Wemple, Women in Frankish Society, 232, Anm. 50: »Although the biography was composed in the ninth century, it reflects a long tradition. That parents were ashamed of a daughter's blindness is evident …«

12 »Legende als Quelle der Rechtsgeschichte«, so Hattenhauer, Das Recht der Heiligen, 9. »Viten als Quellen für die Ideenwelt«: Gäbe, Radegundis, 4. In dieser Studie (1989) verzichtet die Autorin ausdrücklich darauf, die historische Persönlichkeit der Radegundis zu rekonstruieren. Sie frägt, wie die unterschiedlichen Biographen, der Bishof Venantius Fortunatus und die Nonne Baudonivia, die Heilige gesehen haben wollen, welches Bild sie ihren Adressaten zu vermitteln bestrebt sind. Riché, Columbanus, 69: hagiography offers an »immense wealth to the historian of culture and of ideas«.

13 Verfasser ortskundig: Barth, Die Hl. Odilia I, 54; Levison, Einleitung, 25; Pfister, Le Duché, 48; ders., La Légende, 92: »une connaissance parfaite de la topographie de la montagne«.

14 Datierung 10. Jahrhundert: Levison, Einleitung, 28: »certe iudicandum est, Vitam Odiliae instituta saeculi IX. exeuntis vel X. exhibere…« Pfister, Einleitung zur Edition, 9: 10. Jahrhundert – 1000. Vorsichtiger in der späteren Arbeit (ders.) La Légende, 92: Datierung 900–950, also erste Hälfte des 10. Jahrhunderts. Den beiden Editoren folgend: Graus, Sozialgeschichtliche Aspekte der Hagiographie, 145, Anm. 88. Frühestens aus dem 10. Jahrhundert: Prinz, Frühes Mönchtum, 224.

Datierung 9. Jahrhundert: Barth, Die Heilige Odilia I, 52–3; Burg, Le duché, 18. Legros, Le mont Sainte Odile, 100: ungefähr 100 Jahr nach Odilias Tod (zu dieser Aussage wünschte man nähere Angaben). Propylaeum ad Acta Sanctorum Decembris, 581: »non multum ante metam saeculi IX. conscripta«. Wemple, Women in Frankish Society, 232, Anm. 50.

15 Wohlstand der späteren Merowingerzeit: Weber, Kulturgeschichtliche Probleme, 371 ff, 403.

16 Zerstörung von Hohenburg und Niedermünster durch die Ungarn: Legros, Le mont Sainte Odile, 133; Uhry, le mont-sainte-Odile, 27. Dagegen anzunehmen, daß Hohenburg nicht erstürmt wurde: Pétry / Will, Le Mont Sainte-Odile, 87.

17 Rudolf v. Fulda schrieb sein Werk 836: Datierung: Levison, England and the Continent in the 8th Century, 76, Anm. 2.

18 Die Geburt Mariae, Fenster 10, 3. Geschoß, Abb 144, 145, 147, in: Stettler (Vorwort), Königsfelden, Text v. Schwarz Dietrich, Ikonographie der Glasgemälde, 124. Ders. zur Darstellung des Todes der hl. Katharina vom Fenster 4, 4. Geschoß, Abb. 102, 103, 104: »echt mittelalterlich wird hier der Ablauf des Geschehens umgestellt: der Henker holt zum Todesstreich aus, aber Katharina ist schon getroffen, ihr Haupt vom Halse getrennt, der Körper im Niedersinken begriffen.« Text 120.

19 Barth, Influence de Ste. Odile, 29. Gründungszeit v. Hohenburg und Ebersmünster um 680, dem Datum von Adalrics Versöhnung mit Theuderich III.: Levillain, L'Alsace, 183, Anm. 4; Uhry, le mont-sainte-Odile, 12.

20 Peltre, La Vie, 5–7, schildert Hohenburg als fromme »retraite« des Adalric. Des Freiburger Kapuziners Kurtz= verfaßter Lebens=Lauff, 11, 23, malt sie zur Sommerfrische aus, wo die herzogliche Familie, fern vom Trubel politischer Geschäfte, Erholung fand für Geist und Seele. Gern sah die Barockzeit den — zeitweiligen — Rückzug seiner Fürsten in idyllische Einsamkeit. Vom 16. bis zum 19. Jhdt. gehört eine Eremitage in jeden besseren christlichen Schloßpark. Das beliebte Ausflugsziel unter dem Roßkopf mit Quelle, Kapelle und Einsiedelei erscheint wie eine bürgerliche Miniatur des feudalen Odilienbergs (29–37).

21 Gebwiler, S. Otilien, 33, schreibt von der Taufe »nach etlicher Zeit«, und zwar auf dem Weg der Amme und des Kleinkindes vom Elsaß nach Beaume. Man habe zu Moyenmoutier gerastet, dabei sei das Sakrament von den bischöflichen Brüdern Hildulf / Erhard gespendet worden. Peltre, La Vie, 19–20, wundert sich über die Verspätung. Odilia, sorgfältig bei ihrer Tante, der Äbtissin von Beaume, erzogen, habe die Taufe im Alter von 12 bis 15 Jahren durch Erhard empfangen. Erlaubten »les troubles de sa naissance« den sofortigen Vollzug nicht? War man dem noch im 5. bis 6. Jhdt. praktizierten Brauch der Erwachsenentaufe gefolgt? Wehrmeister, Die hl. Ottilia, 132, Anm. 32, macht sich Gedanken über das Alter des Täuflings; er meint, aus indirek-

ten Hinweisen der Vita etwa auf 12 Jahre schließen zu können. Er frägt sich, warum Odilia so lang das Sakrament entbehren mußte (136–7). »Oder sollte der Herzog sein blindes Kind wie des Lebens, so auch der Taufe nicht für würdig erachtet haben?«. Welschinger, Sainte Odile, 46, rätselt gleicherweise über den in einer christlichen Familie so befremdenden Sachverhalt. Er sucht nach Erklärungen, nennt Vergeßlichkeit in der ersten Aufregung, hält auch eine geheimgehaltene Nottaufe für möglich.

22 »Der Vater besaß das Recht, das Kind auszusetzen, solange es nicht mit Wasser begossen war oder Milch bzw. Honig genossen hatte. Tötete der Vater das Kind, nachdem es durch Genuß von Speise oder Wasserbegießung in die menschliche Gemeinschaft voll aufgenommen und das Band zwischen Seele und Leib gebunden war, so wurde diese Tat als Mord bestraft.« Handwörterbuch des deutschen Aberglaubens, Bd. 1, 730. Die »Wasserweihe« — im Christentum das Taufsakrament — begründete also des Neugeborenen Recht auf Leben, ebenso das »Aufnehmen des Kindes« und die »Namengebung«: Ogris, »Aufnehmen« Handwörterbuch zur deutschen Rechtsgeschichte Bd. 1, 253–4. Ders. »Lebensfähigkeit« a. a. O. Bd. 2, 1675–8: Das Erbrecht war (nach Lex Visigothorum IV 2 17 u. 18) von der Erteilung der Taufe und einer Mindestlebensdauer von zehn Tagen abhängig.

23 Die Taufe geschah durch Immersion, Wortlaut der Vita; auch Le Goff, Histoire de la France religieuse, t 1, 383.

24 Festschreibung der Regel der Kanoniker v. St. Augustinus 816 durch die Synode von Aachen: Levison, Einleitung, 27. Anfänglich befolgten Hohenburg und Niedermünster eine wohl von Odilia persönlich zusammengestellte Mischregel. Über die mutmaßliche Klosterordnung zur Zeit der Gründung s. unten Kap. III.

25 Wilsdorf, »Le monasterium Scottorum«, 58, Anm. 251.

26 Wehrmeister, Die hl. Ottilia, 141, Anm. 44: »Wir halten dieses Kapitel für rein legendär, und ein solches Gebet für nicht nachahmenswert.«

27 Herzog Adalbert urkundet im Juni 722 für Honau (fragmentarische Überlieferung), am 11. Dezember 723 bestätigt dux Liutfrid die Schenkung. Eugenia abbatissa (Adalberts Tochter und Nachfolgerin Odilias auf Hohenburg) ist Zeugin: Bruckner, Regesta Alsatiae I, Nr. 100, S. 44; Nr. 103, S. 47. Dazu: Barth, Die hl. Odilia, I, 53: Adalberts Sterbejahr 723; ders. Influence de Ste. Odile, 44, 76; Büttner, Geschichte des Elsaß I, 77; Pfister, Edition, 27, Anm. 1: Sterbejahr 722; Vollmer, Die Etichonen, 149, Anm. 44; 158; Wehrmeister, Die hl. Odilia, 25. Wilsdorf, Le »monasterium Scottorum«, 25: Liutfrids Urkunde 11. Dezember 723. Ders., Remiremont, 52: Adalbert starb zwischen Juni 722 und Juni 723.
Adalberts Todestag war vielleicht der 3. Dezember 723: Notiz bei Barth, Legende und Verehrung der hl. Attala, 101. Die Legende seiner Tochter, der hl. Attala, Äbtissin des

Stefansklosters zu Straßburg, entstand 1270–80 (a. a. O., 108) und schöpft aus der Vita Odiliae. Ihr zufolge ist der Herzog bei einer Meuterei erbitterter Dienstleute tödlich verwundet worden (116–7): »... ut quidam ex numero suorum ministrorum spiritu fanatico exagitatus, consilio quorundam odiosorum malignantium et in idem nefas contra dominum proprium consentientium, ipsum in caput telo, quod postea patuit nescientem mortaliter percuteret.« II

28 Datierung von Odilias Tod 720, eher 717: Barth, Die Hl. Odilia, I, 22; Pfister, Le Duché, 64, Anm. 1; 65.

29 Levison, Vorwort, 26: »de Erhardo episcopo re vera Bavarico nihil fere constat.«
Verwechslung mit dem ersten Abt von Ebersmünster? Barth, Die Hl. Odilia I, 45, Anm. 1; Levison, Vorwort zur Edition der Vita Erhardi, SS rer Merov. VI, 3; Wehrmeister, Die hl. Ottilia, 136–7.

30 Bischof Erhard von Regensburg starb 686: Uhry; le montsainte-Odile, 18.

31 Gründliche Untersuchung und die zitierten Ergebnisse zuletzt bei Koschwitz, Der heilige Bischof Erhard v. Regensburg, 481–644.
Begräbnis des 70–80jährigen Mannes um 700: »Diese zeitliche Einordnung steht nicht mehr im Widerspruch zu den Lebensdaten der hl. Odilia. ... Heute scheint seine Verbindung mit dem Etichonengeschlecht sowohl zeitlich wie auf Grund seiner Herkunft nicht mehr unwahrscheinlich.« Das »genere Scoticus« in der dreigliedrigen Herkunftsbezeichnung (»Narbonensis gentilitate, Nervus civilitate« etc.) seiner Vita (c. 1, 10) sei ein hagiographischer Topos, um besondere, »irische« Frömmigkeit auszudrücken (489). Oder bezieht sich »genere Scoticus« auf die »Scotingi«, nichtburgundische Stämme in Südgallien? Sie erwähnt Langenbeck, Pro-bleme, 103, Anm. 153.

32 Riffenach, Odile d'Alsace, 103, hält Bischof Leudegar von Autun für den ersten Informanten des Adalric. Wemple, Women in Frankish Society, 152: »In hagiographies written in the eighth century, the tension between parents and daughters was frequently resolved by a relative or a friend.«

33 Die Autorität der Bischöfe bei den Franken war groß und mußte es unter den gegebenen Umständen sein. Von einem »Minderen« hätte der selbstbewußte Adel keine Belehrung angenommen. »Diese Merowingerheiligen waren keine kleinen Leute. Sie entstammten ausnahmslos den besten Familien Galliens. Man wurde im Merowingerreich nicht Bischof, wenn man nicht die Voraussetzung vornehmer Abstammung erfüllte.« Hattenhauer, Das Recht der Heiligen, 35.

34 Lotter, Methodisches, 300.

35 Graus, Volk, Herrscher und Heiliger, 68.

36 Lotter, a. a. O., 307.

II [37] Berschin, Biographie und Epochenstil II, 6; 200, Anm. 213; 211.

[38] Jünger, Die Schere, 161, hier auch das Bild »Zeitmauer«.

[39] Stoeckle, Studien, 4, 7–26.

[40] Jünger, Die Schere, 27.

[41] Hattenhauer, Das Recht der Heiligen, 129.

[42] Graus, Volk, Herrscher und Heiliger, 62.

[43] Lotter, Methodisches, 321–3.

[44] Lotter, a. a. O., 317–8; Graus, a. a. O., 101–9; ders., Sozialgeschichtliche Aspekte der Hagiographie, 131–76; Prinz, Heiligenkult und Adelsherrschaft, 540–4.

[45] Deléhaye, Les Légendes Hagiographiques. Günter, Legenden-Studien; ders., Die christliche Legende des Abendlandes; ders., Psychologie der Legende. Hattenhauer, Das Recht der Heiligen, 9: »Die Legende gehört wie Märchen, Sage, Sprichwort und Rätsel zu den sogenannten ›einfachen‹ Formen der Literatur (A. Jolles). Mit jenen hat sie den erzieherischen Zweck gemeinsam. Einem der Anschaulichkeit verhafteten Denken vermittelt die bildhafte ›einfache Form‹ diejenigen sozialen Leitbilder, die im differenzierten Denken von den Wissenschaften (Theologie, Philosophie, Rechtswissenschaften) formuliert werden. Die christliche Legende unterscheidet sich von den übrigen ›einfachen Formen‹ durch ihre Verfasser. Diese sind Kleriker. Die Legende ist wesens- und bestimmungsgemäß kirchliche Propaganda.« Lotter, Severinus v. Noricum, 7 ff differenziert, moderne Erzählforschung auswertend, zwischen Legende und Heiligenvita. Grundsätzlich ist dieser Unterscheidung zuzustimmen. Doch muß man fließende Übergänge gelten lassen. In unserem Fall könnte die »Wucherung« und Ausschmückung des Odilienlebens bei Gebwiler und Peltre als Legende gelten.

[46] Lüthi, Märchen, 11–12.

[47] Mabillons Kapiteleinteilung: Barth, Die Hl. Odilia I, 43–4, Anm. 4. Symbolzahl 46 in den Kapiteln der Vita Severini: Berschin, Biographie und Epochenstil I, 182.

[48] Pfister, La Légende, 97; Sepet, Observations sur la Légende de Sainte Odile, 20: »vraies scénes des chansons de geste« und eine verlorengegangene Vita Otiliae primitiva.

[49] Technik des hagiographischen »Bilderstreifens«, »nicht als Geschichte, sondern als Folge von Geschichten«: Berschin, Biographie und Epochenstil I, 223; »eher locker gereiht als komponiert«: ders., a. a. O. II, 211.

[50] Pfister, La Légende, 93: »Il n'est pas impossible qu'il soit venu de l'autre côté des Vosges.« »la langue romane« als Muttersprache wahrscheinlich: s. auch Barth, Die Hl. Odilia I, 54, wegen des keltisch-französischen Dialektworts.

[51] Merowingerlatein: Buchner, Einleitung zur Edition Gregorii Episcopi Turonensis Historiarum libri decem, XXXVI–XLIII. Karolingische Reform und Vulgata: Le Goff, Histoire de la France religieuse t 1, 27.

52 Anleihen aus der Bibel usw. als Randvermerke in Levisons Edition. Textstellen aus der spätantiken christlichen Literatur verzeichnet Pfister, La Légende, 93; zur Sprache der Vulgata in den Viten: Berschin, Biographie und Epochenstil I, 51. II

53 Stichwort »Igitur«: ders., a.a.O., I, 201, Anm. 15.

54 Stichwort »relative Zeitstellung«: Lotter, Methodisches, 335.

55 Jünger, Die Schere, 74: »In den sakralen Bewegungen muß die Zeit noch sehr dicht gewesen sein, weit Entferntes rückte heran. Anklänge haben sich in der Sprache erhalten, besonders in den Konjunktionen, von denen manche sich nicht nur als Synonyma für örtliche und zeitliche, sondern auch für ursächliche Daten anbieten (da, her, weil).«

56 Berschin, Biographie und Epochenstil I, 236, Anm. 101.

57 Prinz, Heiligenkult und Adelsherrschaft, 533.

58 »Hugo« nennt die später entwickelte Legende bei Gebwiler diesen Sohn des Adalric. Der Name entspricht der Familientradition. So hieß einer der Donatoren von Honau, vermutlich Enkel des alten Herzogs, ferner der aus dem Geschlecht der Etichonen stammende Schwiegervater des späteren Kaisers Lothar. Hugo, Sohn das Haicho, s. Bruckner, Regesta Alsatiae, Nr. 102, S. 46. »de Hugone comite, socero Lotharii I,... de stirpe cuiusdam ducis nomine *Etih*« s. Levison, Edition 37, Anm. 2; Pfister, Le Duché, 33–4; Wildorf, Les Étichonides, 7 ff.

59 Berschin, Biographie und Epochenstil I, 51, 258; und II, 93: »Orientierung«? Die scheint eher erschwert: s. Pfister, Le Duché, 58–9, Anm. 3 zur Vita Odiliae c. 20: »ipsius occideret fratrem.« Ganz genau weiß man nicht, von wem die Rede ist.

60 Entstehung im Frühmittelalter aus dem spätantiken Pluralis maiestatis. Nebeneinander vom Singular der 2. Person und dem Plural reverentiae »eher ein Fall der Soziolinguistik«: Berschin, a. a. O. I, 255–6.

61 Aus der Passio Perpetuae zitiert bei Berschin, a. a. O. I, 56.

62 Redundanz und Periphrasen: Einleitung der direkten Rede durch überflüssiges ›dicens‹. Coniugatio periphrastica: ›favens erat‹ statt ›favebat‹, periphrastisches ›videri‹: ›ne fraudare videamur‹ statt ›ne fraudemus‹. Modulation des Verbs mit einem anderen Wort: ›ire disponerem‹ ›coepit clamare‹, ›properare volebam‹. Vorliebe für Participium praesentis statt der finiten Verbform: ›cupiens‹ statt ›cupivit‹. Berschin, a. a. O. I, 51; II, 234.

63 Wirkung durch Wahl von Modus und Tempus s. Berschin a. a. O. I, 179 ff.

64 Lotter, Methodisches, 323.

65 Berschin, Biographie und Epochenstil I, 246.

66 Pfister, Edition, 29, Anm. 2; ders., Le Duché, 46, Anm. 6; Levison, Edition, 48, Anm. 3: *wogin* > *bougin* im Lothringischen »adhuc« (nach 1900): dolia (Fässer). Wehrmeister, Die hl. Ottilia, 141, Anm. 46.

Anmerkungen zu III.

1 Als Anachronismus vermerken die Herausgeber den Kaisertitel: Levison, Vorwort zur Edition, 26; Pfister, La Légende, 94. Doch dem Namen nachgestellt, kann »imperator« im weiteren Sinn »Gebieter, »Anführer«, »Herr« bedeuten. Du Cange, Glossarium mediae et infimae Latinitatis t IV, S. 304, 3. Spalte: »Imperatoris titulum Regibus Franciae Scriptores non semel attribuunt«. S. 305, 2. Spalte: Schon Mabillon habe bemerkt, daß selbst in den Urkunden Titel durcheinander geraten: »Regis et Imperatoris vocabula confunduntur.« Da Childerich 673–75 nicht nur Teil-, sondern auch Gesamtkönig des fränkischen Reiches war (von Austrasien, Burgund, Neustrien), könnte »imperator« im Sinne des angelsächsischen »bretwalda« für den Oberherrn bzw. Großkönig auch als Steigerung von »rex« zu denken sein.

2 Mabillon, Observationes Praeviae zur Edition, 441, Anm. 4: »avus ejus (Odiliae) fuit Leutharicus seu Liuthericus Dux Alamannorum«.
Die Alemannen-These unterstützt Schoepflin, Alsatia illustrata I, 760, insoweit, als er zwar die Personengleichheit von Adalrics Vater mit dem besagten Herzog verneint, aber die Abstammung der elsässischen Etichonen von den alemannischen Guelfen (Welfen) für wahrscheinlich hält. Merkwürdig die Notiz bei Silbermann, Beschreibung von Hohenburg, 55, das Kloster Niedermünster habe die alte Krone der alemannischen Herzöge gehütet. Sie verschwand nach einem Diebstahl im 13. Jahrhundert. Über die neuere Forschung s. o. Anm. I/9 »Etichonen«.

3 Wörtlich aus der Vita S. Romarici, SS rer Mervo. IV, c. 2, S. 221, Z. 28; vgl. Folz, Remiremont, 18; Jakobi/Parisse in Louis (Ed.), Remiremont, 12.

4 »Marcellianus rex fabulosus est«: Levison, Edition, 37, Anm. 4. Textvariante z) setzt »Maximian«, damit gemeint wohl Maximian I., Kaiser des Westreichs von 286–305 und 307–310, der unter Diokletian in Mailand regierte. In dieser Zeit wäre die Instandsetzung der alten Festungsanlagen durch die römische Besatzung auf Altitona, auch nach archäologischen Befunden, zu vermuten.

5 »Huius ergo thalamis venerabilis coniux adhaerebat«, Iuvencus I, 5, so Levison, a. a. O., 38, Anm. 1.

6 »Quae quamquam lege coniugali ligata foret, tamen…«: Bei Verheirateten häufig gebrauchtes hagiographisches Versatzstück.

7 dem Sachverhalt angepaßt: »sanctarum paginas scripturarum libenter audiens«. Persinda *hörte* die Hl. Schrift. Ihre studierten Kinder können lesen (c. 5, c. 7).

8 Geburtsort wohl der Herzogshof Oberehnheim (= Obernai) im Tal nordöstlich von Hohenburg gelegen, etwa vier Gehstunden entfernt: Gebwiler, S. Otilien, 29; Peltre, La Vie, 4; in der dortigen villa regia: Barth, Die Hl. Odilia I, 423–4.

9 »pro aliquo delicto«, »quia in aliquo Deum iratum habeo«: Schuldbekenntnis des Adalric. Der Mann verantwortet die sexuelle Handlung in der Ehe. Buße für Fehlverhalten wird nach irischer Bußpraxis nur ihm zugemessen: Krüger, Überlegungen zum Quellenwert der irischen Bußbücher, 167. Mißgeburt — angeborener Körperschaden — galt als Folge eines Verstoßes gegen gebotene Enthaltsamkeit. Vgl. Demyttenaere, The Cleric, Women and the Stain, 154–5, ebenso Verdon, Les femmes laïques en Gaule, 241 ff., Verweis auf folgende Narratio b. Gregor v. Tours, Liber II. de virtutibus S. Martini, SS rer Merov. I/2, c. 24, p. 167:

»Eine Frau in Bourges gebar einen mehrfachbehinderten, vor allem so schrecklich verkrümmten Sohn, daß er eher einem Ungetüm als einem Menschenwesen glich. Wer ihn sah, mußte über ihn lachen. Zur Rede gestellt, bekannte die Mutter weinend, er sei in der Nacht zum Sonntag gezeugt worden. Wie es Mütter machen, wagte sie nicht, ihn umzubringen; sie zog ihn auf wie einen gesunden Buben.« (»Quem interemere non audens, ut mos matrum est, tamquam sanum puerum nutriebat« — Zuordnung des Mittelgliedes nicht eindeutig.) »Den Herangewachsenen übergab sie Bettlern, die nahmen ihn auf, zogen ihn in einem Karren und zeigten ihn den Leuten. Sie verdienten an ihm eine Menge. ... Das ging so lange Zeit.« — Nach und nach erfährt der Elende bei den Festlichkeiten am Grab des Heiligen Genesung: »plenissimum sanitatem«. Gregor hat ihn selbst gesehen und gesprochen. Er schließt den Bericht mit einer Mahnung an die Ehemänner, den Sonntag zum Lob Gottes unbefleckt zu begehen. Denn sonst kommen die Kinder verkrüppelt, fallsüchtig oder mit Ausschlägen behaftet zur Welt.

Diese Begebenheit erwähnt auch Wemple, Women in Frankish Society, 59, im Zusammenhang mit Adalrics Reaktion: »The father of Saint Odilia interpreted her blindness as a punishment for his own sins and ordered her to be killed.«

10 Affeldt/Reiter, Die Historiae Gregors v. Tour, 198, folgern vorsichtig, »daß Töchter der Oberschicht, auch infolge politischer Ereignisse, in der Kindheit besonders gefährlich lebten.« Grupe, Die Ressource Frau, 111–2, äußert sich dezidiert zum Mädchen-Infantizid als »schichtenspezifisch« im Frühmittelalter, durch Tötung oder Vernachlässigung, »bevorzugt« bei Säuglingen mit angeborenen Fehlbildungen. Während des ersten Lebensjahres sei die Sterblichkeit der Töchter »in der sozial bestgestellten Schicht am höchsten« gewesen, »um dann in den niedrigen Schichten abzunehmen.« Mädchen galten in der Oberschicht eher als »soziale Bürde«. Einfache Arbeit, ihren Lebensunterhalt zu verdienen, gab es für sie nicht. Andererseits mangelten entsprechende Heiratschancen. Sasse, Demographisch-soziale Untersuchungen, 72, 83, frägt zwar nach der Kindstötung von Mädchen, vermutet aber eher »Sonderbestattung bestimmer Gruppen«. Tochter-Infantizid in der Merowingerzeit: Sha-

har, Childhood in the Middle Ages, 127; Verdon, Les femmes laïques en Gaule, 241.

11 Aussetzung mißgeborener Kinder, da der »Mangel am vollen menschlichen Charakter als Verbrechen und nicht als Unglück im modernen Sinn betrachtet wurde.« Grönbech, Kultur und Religion der Germanen I, 299–300.
»Aussetzen«: Ogris, Handwörterbuch zur deutschen Rechtsgeschichte I, 267–8: »in einem Korb unter einem Baum oder auf einem Gewässer« ... Odilia landete so, nach der Volksliedversion, bei einem Müller, der sie aus dem Wasser barg (Barth, Die Hl. Odilia I, 232). Ursprünglich gab es ein Recht zur Wiederaufnahme des verurteilten Kindes nicht (Lex Visig. 4 4/1): Adalric weigert sich hartnäckig, das Mädchen trotz Taufe und Heilung heimzuholen.
»Aussetzung« im Handwörterbuch des deutschen Aberglaubens Bd. 1, 730: Kindertötung betraf gewöhnlich das weibliche Geschlecht.
»Aussetzung«: Binder, Handwörterbuch zur historischen und vergleichenden Erzählforschung, Bd. 1, 1048 ff. S. bes. 1050–2: das ausgesetzte Kind als eine »dem Schicksal entgegengeschleuderte Herausforderung«. »Alle Möglichkeiten für seine Existenz sind offen: es kann sterben; es kann aber auch mit Hilfe eines Gottes oder eines Menschen gerettet werden und sodann die höchste Stufe menschlichen Lebens erklimmen ... Das ausgesetzte Kind ist aus dem Verband der Menschen ausgeschlossen. Seine menschlichen Eltern haben es verlassen, seine neuen Eltern sind Erde und Wasser. Tiere und einfache Menschen sind es, die in den meisten Fällen das verstoßene Kind retten. Dies prädestiniert es zu einem übermenschlichen Schicksal und Leben, zu dem es aus Verlassenheit und Niedrigkeit aufsteigt.«
Daß die christliche Gesellschaft dieser Zeit schwerbehindert Geborenen ihr Lebensrecht zugestand, zeigen Funde aus frühmittelalterlichen bajuwarischen Gräbern:
a) angeborene Kieferspalte eines 20–25jährigen Mannes,
b) knöcherne Verwachsung des 2. Halswirbels am Kopfgelenk eines ca. 30jährigen Mannes,
c) fehlender Verschluß des Wirbelbogens am Kreuzbein (Spina bifida) einer 20–25jährigen Frau.
Ausstellung »Die Bajuwaren. Von Severin bis Tassilo 488–788« im Kloster Mattsee, Land Salzburg 1988, beschrieben im Katalog gleichen Titels, 379: Anthropologie M III. 6: Angeborene Anomalien.
Daß eine Frau mit solcher Behinderung ein Alter von gut 20 Jahren erreichte, ist fast unglaublich. Eser, »Der Umgang mit Sterben und Leben«, 519, konstruiert als Hypothese den »Fall eines neugeborenen Kindes mit offenem Rückenmark ..., das im Fall einer Operation eine Lebenserwartung von 8 Jahren hätte.«

12 Eigenartig, daß die »Hinausgeworfene« der Fürstin Vertrauen genießt und rechtfertigt. Gehörte ein »Fleck« zum Image der Amme aus archaïcher Zeit? So Binder, »Ausset-

zung« Enzyklopädie des Märchens, Bd. 1, 1053: »Versuche, die ursprünglichen (später als anstößig empfundenen) Tiermütter u. -ammen ausgesetzter Kinder umzudeuten in menschliche Mütter und Ammen und sie mit dem Makel der Hurerei zu behaften«, Beispiel der Romulus-Sage.

13 Wohnort der Amme, der Legende nach, Scherwiller in der Nähe Schlettstatts, so Barth, Die Hl. Odilia I, 232.

14 Edelfrauen stillten gewöhnlich nicht selbst, sondern mieteten Ammen. Diese, meist bäuerlicher Herkunft, kümmerten sich mit »inniger Liebe und Fürsorglichkeit« um den Säugling — nicht nur wegen des Verdienstes. Die Stillzeit betrug bis zu zwei Jahren. Während dieser Frist konnte ein eigener Kinderwunsch nicht erfüllt werden (kontrazeptiver Effekt des Stillens), auch die Ansprüche des Milchgeschwisters traten zurück. Herrmann/Grupe, Empirische Grundlagen, 44 ff; Grupe, Die Ressource Frau, 114; Kammeier-Nebel, Empfängnisverhütung, 141; Shahar, Childhood, 53–61; dies., Die Frau im Mittelalter, 131: mehr Geburten in Adelsfamilien; 165: Zuwendung der Ammen, Probleme für die eigene Familie; 200: Stillzeit; Kinderliebe in bäuerlichen Schichten.

15 »in alium locum, qui Palma vocabatur« — Balma ist das keltische Wort für Höhle: Levison, Edition, 39–40, Anm. 1. Allgemein nimmt man, mit dem Herausgeber, an, hier handle es sich um das burgundische Frauenkloster Beaume-les-Dames nördlich von Besançon, dép. Doubs. Barth, Die Hl. Odilia I, 46, Anm. 1; Pfister, Le Duché, 62. Dort sei, bis zu seinem Verschwinden in der Französischen Revolution, der große Schleier Odilias aufbewahrt und gelegentlich zur Verehrung ausgestellt worden: ein violfarbenes Gewebe, wohl aus Seide, mit Goldfäden bestickt. Odilia soll ihn selbst angefertigt und bei großen Festen (Taufe? Jungfrauenweihe — fielen beide zusammen?) getragen haben: Idoux, L'Enfance, 11–9; Pfister, Le Duché, 63, Anm. 1, nach Peltre, LA VIE, 26. Der Versuch, das Kloster »Palma« mit Moyenmoutier im Elsaß zu identifizieren und die Taufe in Etival stattfinden zu lassen, enstammte dem lokalpatriotischen Interesse des dortigen Abtes Belhomme, der in diesem Sinn die Vita seines Hausheiligen Hildulf, des Gründerabtes, als Bruder Bischof Erhards redigierte (Levison, Edition, 40, Anm.). Diese Ansicht vertrat der Aufsatz von Idoux, 74 ff, nachgedruckt bei Künstle, Ikonographie, 475.

16 Spätere Legenden statten das burgundische Kloster mit einer Äbtissin aus Persindas Familie aus (man las statt der in der Vita erwähnten Freundin »amicam«: *amitam* = Vatersschwester. Gebwiler, S. Otilien, 33; Peltre LA VIE, 18.

17 War Bischof Erhard Odilias Oheim? Hier tritt er als »Muntwalt« des Kindes auf, anstelle des leiblichen Vaters. Die Ersatzfunktion kam in besonderen Fällen dem nächsten Verwandten mütterlicherseits zu: Ogris, »Aufnehmen«, im Handwörterbuch zur deutschen Rechtsgeschichte I/1, 253–4.

18 c. 5 besteht aus zwei Sätzen. Als Muster für den verwickelten Satzbau einer hagiographischen Notatio — beginnend mit asyndetischer Reihung bis zum »Überbietungs-Schema« durch Amplifikation in Form der Steigerung — sei hier der längere abgedruckt:
»Tunc sacra virgo, adepta oculorum visione, studebat in sacra lectione sollers, pervigil in oratione, in parcitate strenue insistere ac elemosinis secundum propriam facultatem insegniter deservire necnon culmine praesolidae mentis omnes pompas mundani fastus veluti pro nihilo despicere, quatenus expedita ab omnibus, quae mentem ipsius per inlicita desideria seducerent, illi soli liberius deserviret, cuius miliciae se manciparat« (40–1).
Man beachte den diskreten Hinweis, daß Dürftigkeit dem Wohltun Schranken gesetzt habe und daß auch anderweitig Mangel ein Leben der Entsagung und des Verzichts erleichterte.

19 »Habebat etiam fratrem decorum, in domo patris sui optime edoctum, ... scripsit epistulam ... Frater autem litteras ... non solummodo suscepit, verum etiam intente perlegit ...« (41).
Lesenkönnen gehörte nach der Jahrhundertmitte in Gallien nicht (mehr) zu den Fertigkeiten eines weltlichen Fürsten (Riché, Éducation, 274). Hatte Adalric den Jungen zum geistlichen Stand bestimmt, um sein Hof-Kloster zu übernehmen? War er dort der — zukünftige — Herr, konnte sich Odilia umso eher an ihn wenden. Dem Wortlaut der Vita nach bestand auf Hohenburg ein Kloster, bevor Odilia Besitz und Leitung übernahm: »pater infra septa monasterii obviaret« (c.11).

20 Scharlachknäuel — »globo coccineo involutam« — als Briefumschlag: Ist an einen Stoffballen, also an ein wertvolles Geschenk, zu denken, das der Bruder, mit der Verpflichtung zur Gegengabe, annahm? Scharlach »coccineus« »war das prachttuch des mittelalters und wurde höher geschätzt als purpur«, so Deutsches Wörterbuch v. Jacob u. Wilhelm Grimm, Bd. 14, 2200. Oder besteht eine Verbindung zum Purpurfaden in Leobas Traum, der aus ihrem Munde kommend, sich zum Knäuel formt? (Vita Leobae, MGH SS XV/1, c. 8, 125. Deutung: purpureum filum = doctrina sapientiae; globus = mysterium exprimit verbi divini.)

21 Tabu-Thema: als der Sohn das verbotene Wort ausspricht, stirbt er.

22 Wagen als Statussymbol der romanischen Adeligen bzw. fränkischen Prinzessin, zur »Repräsentation ... einer Gesellschaftsschicht«: Martin, Bemerkungen zur Ausstattung der Frauengräber, 96. Der junge Fürst sorgt, daß seine Schwester standesgemäß reist: mit Gefolge und aller Bequemlichkeit. Den Wagen, von Ochsen gezogen, und seine Ausstattung hätten wir uns vorzustellen, wie er anderorts für eine vornehme Frau der späten Merowingerzeit be-

schrieben ist: »carruca in qua sedere consuevi, cum boves, et lectaria, cum omnis stratura sua«, s. Nonn, Erminethrud — eine vornehme neustrische Dame um 700, 140.

23 Es beeindruckt die Kunst der Komposition und der Sprachgestaltung in dieser balladenhaften Szene. Knapp umreißt der erste Satz die Situation, nennt die Beteiligten. In steigender Spannung entwickelt sich die dramatische Handlung aus Frage und Antwort zwischen dem erst mißtrauischen, dann wütenden Vater und dem zunächst selbstsicher wirkenden Sohn, dessen Mut auf der Flucht nach vorn bald in Entsetzen umschlägt. Der Junge fleht um sein und seiner Schwester Lebensglück. Offenbar hatte er sich im leidenschaftlichsten Bitt-Gestus jener Zeit vor dem Herzog zu Boden geworfen (Gebwiler, S. Otilien, 37). Denn der Alte schwingt den Stock und trifft, schlimmer als es seine Absicht war. Ein Aufschrei geht der Katastrophe voraus. Ihre Folgen sind verheerend: Tod des geliebten Sohnes (statt der ungeliebten Tochter — welch tragische Ironie), Vereinsamung bzw. Isolierung des büßenden Adalric. Bron, Sainte Odile, 10, schließt auch auf einen Fußfall des Jungen; er nimmt als Tatwaffe nicht den Stock an, sondern, der Wirkung nach, eher einen Speer.

24 Prügel mit Todesfolge im Parallelfall bei der Bestrafung der hl. Eusebia von Hamage-les-Marchiennes auf Anordnung ihrer Mutter, der hl. Rictrudis, durch ihren Sohn, den hl. Maurontus; Rictrudis von Marchiennes starb 688. Nach der mündlichen Überlieferung einer alten Biographie schrieb der gelehrte Hucbald v. St. Amand ihre Vita 907. Das Verhalten der konträren Heiligen zu rechtfertigen, unternimmt er mit rhetorischem Aufwand: Vita S. Rictrudis abbatissae Marcianensis auct. Hucbaldo, 827 ff.

25 »... tradidit eam cuidam sanctimoniali, quae de Brittanico territorio erat, et constituit ei cottidie dari stipendium unius ancillae« (42).
Adalric gab ihr jetzt ein Zuhause und Entfaltungsmöglichkeit. Iren und Engländer kehrten auf ihrer Lebens-Pilgerfahrt öfter bei den Etichonen ein — s. Gründung des Schottenklosters Honau in der zweiten Generation, Gründung Murbachs am Pilgerweg in der dritten: Eberl, Das Iren-Kloster Honau, 236; Gougaud, Le culte de sainte Brigide, 43; Riché, Columbanus, 64: »hospitalia Scottorum« in Straßburg, Honau etc.

26 Erst sorgte der Herzog für das geistige Wachstum seiner Tochter, danach für das leibliche. Reich wurde Odilia dabei nicht. Der Lebensunterhalt einer Magd bestand in Naturalien, vermutlich einem Brotlaib bzw. Getreide, vgl. La vie ancienne de Ste. Godelive, c. 5, 129–30.

27 Unversehrtheit der rechten Brust, s. Graus, Volk, Herrscher und Heiliger, 65, Anm. 27; Milch aus der rechten Brust als Ausdruck besonderer Zuwendung: Shahar, Childhood, 280, Anm. 46.

28 Auffällig sind Parallelen im Leben der irischen Fürstentochter St. Brigida v. Kildare. Diese trank nur die Milch, die eine Christin von einer weißen Kuh gemolken hatte, war übrigens auch nach einer Augenkrankheit zeitweilig halbblind und bewegte sich mit ihren gottgeweihten Jungfrauen ohne Klausur in »einer homerischen Lebenswelt«. Die Vita, verfaßt nach 650, überliefere Züge aus der mutterrechtlich geprägten La-Tène-Kultur; so Berschin, Biographie und Epochenstil II, 231–8. Im Etichonen-Kloster Honau wurde seit der Gründung St. Brigida v. Kildare verehrt. Dort befand sich ihr Haupt als hochgeschätzte Reliquie. Vgl. Gougaud, Le culte de sainte Brigide, 44, Anm. 2; Einfluß auf Hohenburg durch irische Pilger möglich: 46; Brigida Bauernheilige im Niederelsaß, zuständig für Milchwirtschaft, Gastlichkeit, Gesundheit: 43–53; Patronin der Ammen, sogar selbst als Amme dargestellt: 56; ferner: Eberl, Das Iren-Kloster Honau und seine Regel, 237; Levison, Die Iren und die fränk. Kirche, 225, auch Anm. 308; Wilsdorf, Le »monasterium Scottorum«, 49.

29 Übergabe von Hohenburg an Odilia (um 690), dargestellt auf der Stele des 12. Jhdts. Dotationen »durch das ganze Elsaß hindurch«: Büttner, Geschichte des Elsaß I, 71. »Der Herzog stattete das Kloster so reich mit Gütern aus, daß es eines der wohlhabendsten im Elsaß wurde« Prinz, Frühes Mönchtum, 226. Adel, Einfluß und Reichtum als notwendige Voraussetzung zur »Karriere« einer Heiligen in dieser Zeit und Gesellschaftsform, so MacNamara, A Legacy of Miracles, 39–41; 45: »God's work on earth needed money as well as holiness, and the road to sanctity for the women of Merovingian Gaul was paved with their familial fortunes.«

30 Angenendt, Das Frühmittelalter, 211; Sprandel, Der meroving. Adel, 23.

31 »Adalrics Grotte« unterhalb der heutigen Tränenkapelle: Legros, Le Mont Sainte-Odile, 260–1; Mantz, Le Mur Païen, 15; Riffenach, Odile d'Alsace, 136.

32 Purgatorium und (oder) infernum? Adalrics »Strafort« die Hölle? Barth, Die Hl. Odilia I, 43–4, Anm. 4; Günter, Psychologie der Legende, 291–2. Mabillon, Edition, 446/ 12, Anm. a): Purgatorium »qui locus subterraneus non raro infernus appelatur«. Pfister, La Légende, 98: »il ne semble pas que l'auteur conaisse la purgatoire.« Wehrmeister, Die heilige Ottilia, 139, Anm. 40: »interitus allerdings scheint auf ›Verlorensein‹ hinzudeuten.« Kommentar bei Kretzenbacher, Versöhnung im Jenseits, 51: Begnadigung der Verdammten, die nicht im Stand der Gnade verstorben sind. 49: »Eines ist dabei allerdings zu bedenken: die Vorstellungstrennung zwischen ›Hölle‹ (infernum) und ›Fegefeuer‹ (purgatorium), wie sie nach katholischer Lehre für das Jenseitsschicksal der menschlichen Seele von letztlich allein entscheidender Bedeutung ist, darf man sich theologisch und im landläufigen ›religiösen Wissen‹ nicht allzu scharf ausgeprägt denken.«

Adalrics Höllenhemd, strahlend und stinkend, wurde den Pilgern auf Hohenburg drastisch vorgeführt: Bericht des Florentius v. Worcester (Chronik) anno 1117, s. Barth, Die Hl. Odilia I, 77; Uhry, le mont-sainte-Odile, 53.

33 »duplici studeret praeesse doctrina«: Anklang an die Regula S. Benedicti c. 2, so Levison, Edition, 44, Anm. 3.

34 »panem hordeatium et legumina« nimmt traditionell der Merowingerheilige als Hauptnahrungsmittel zu sich: Levison, a. a. O., Anm. 4; Weidemann, Kulturgeschichte, 203. Zum Vergleich die asketische Praxis in der Vita Sanctae Berlendis (Migne, PL 139, c. 9, 1107): Die Heilige, in etwa Zeit- u. Standesgenossin Odilias in Austrasien, unweit Nivelles, † ~ 690 in Meerbeke, war bei ihrem Vater in Ungnade gefallen und wurde enterbt. So sah ihr Büßerleben aus: »Sie duldete nicht, daß man ihr, außer dem Bußkleid, das sie auf der bloßen Haut trug, winters wie sommers anderes als eine Matte und einen Stein für den Kopf unterlegte. Durch beständiges Wachen und Beten, durch fortgesetztes Fasten tötete sie ihren Leib ab. Nur zweimal in der Woche, außer am Sonntag oder an den Apostelfesten, aß sie. Vom Tag ihrer Weihe an aß sie kein Fleisch; Fisch oder eine andere Speise als Wasser und Brot rührte sie nur an hohen Feiertagen an.«

35 Ein Bärenfell als Bett unterscheidet sich beträchtlich vom gewohnten asketischen Schilf- oder Mattenlager. Es vermittelt bei einigen Leiden Heilung sowie charakterliche Festigkeit: Handwörterbuch des deutschen Aberglaubens, Bd. 1, 901. Der Freiburger Kapuziner interpretiert den archaïschen Luxusartikel als Mittel besonderer Abtötung. Und zugleich müssen alle ihre 130 Klosterfrauen auf Bärenfellen schlafen: Kurtz=verfaßter Lebens=Lauff, 77. Schlafmatte sonst in Klöstern: van der Meer, Leben des Benedictus, 176–7, Anm. 46; Weidemann, Kulturgeschichte, 202.

36 Der Konvent sollte sich nicht in der splendid isolation seines Berges selbst genügen, sondern zu sozialen Aufgaben heruntersteigen. An Niedermünster führte der Pilgerweg nach Süden vorbei. Spätere Sagen erinnern an Orientwallfahrer, fünf Ritter, die im Auftrag Hugos, Herzogs von Burgund, eine Kreuzreliquie mitbrachten und dann als Einsiedler im Tal bei St. Jacques ihr Leben Gott für immer weihten. So führte Niedermünster ein kreuztragendes Kamel im Wappen. Peltre, La Vie, 152–63; Silbermann, Beschreibung v. Hohenburg, 51; Wilsdorf, Les Étichonides, 21.

37 Die Lindenbäume erreichten ein Alter von etwa 1000 Jahren. Zwei gingen 1681 in einem Waldbrand zugrunde; der dritte starb gegen Ende des 18. Jhdts. Peltre, La Vie, 79 sah ihn noch 1699 nach dem großen Feuer. Vgl. Silbermann, Beschreibung, 51; Staub-Grandmougin, Sainte Odile d'Alsace, 91, Anm. 1. Lindwürmer (= Drachen) als die »vermes mali« in unserem Text geistern durch einige Kommentare. Barth, Die Hl. Odilia I, 55, streift vorsichtig-kritisch das folgende Kuriosum; desgl. Graus, Volk, Herrscher und Heiliger, 245;

Maurer, Die elsäss. Sagen I, 3, denkt an eine Lokalisierung von Siegfrieds Drachenkampf! Von »trois drageons plantés par Odile« orakelt Riffenach, Odile d'Alsace, 132. Dabei erkennt eben der Volksglaube der Linde apotropäische Eigenschaften zu: Handwörterbuch des deutschen Aberglaubens Bd. 5, 1307.
Es frägt sich, ob die Episode c. 15 nicht einen doppelten Boden hat. Vermittelt die Erzählung symbolisch eine weitere Botschaft? Etymologisch hängen die Worte *virga – virgo* zusammen: Wissler, Lateinisches etymologisches Wörterbuch Bd. 2, 797–9. Inschrift am Tassilo-Kelch: LIVTPIRG VIRGA REGALIS, s. Koller, Die Iren und die Christianisierung der Bayern, 381. Bergmann, Pflanzen als Symbolträger, 450.
Röhrich, Märchen und Wirklichkeit, 72, erinnert an die »Vorstellung einer Partizipation von Mensch u. Pflanze; und wenn gerade der Sympathiebaum so beliebt wurde, so eben deshalb, weil Bäume eine stärkere Lebenskraft und längere Lebensdauer haben als der Mensch. An einen Bezug wechselseitigen Seins ist offenbar auch am Anfang des Märchens von Schneeweißchen u. Rosenrot gedacht.« Odilia »weihte« nämlich nicht nur drei Linden, sondern auch drei Mädchen. Es sind die Töchter ihres Bruders, der Hagiograph nennt sie ausdrücklich mit Namen (c. 19). Die Tradition verehrt sie als die späteren heiligen Äbtissinnen von Hohenburg, St. Stefan in Straßburg und Niedermünster. Waren damals im Konvent Bedenken gegen ihre Aufnahme laut geworden (»Noli has plantare, domina, virgas«), etwa hinsichtlich des Charakters ihres Vaters oder wegen der sensationell schlechten Erfahrungen, die man 589 mit Prinzessinnen im Radegundis-Kloster zu Poitiers gemacht hatte?
Ähnliche Schlüsselszenen, um eine Krisensituation und ihre Bewältigung bildhaft darzustellen, verzeichnet seit Gregors Dialogen die Hagiographie mancherorts. Berschin, Biographie und Epochenstil II, 32-4 interpretiert die Begegnung Columbans mit 12 Wölfen, die seinen Weg säumen (V. Columbani auct. Jona, l.I, c.8), als Gleichnis für das gespannte Verhältnis zu den 12 irischen Begleitern. Beispiel aus anderen frühmittelalterlichen Viten s. Stoeckle, Studien, 13; 77–8.

38 Hier bringt der Autor mit Absicht Erzählzeit ins Spiel, die er in die Vergangenheit zurückprojiziert. Die Autorität der Heiligen selbst verbürgt den Entschluß, die mildere kanonische Lebensweise beizubehalten (»consistatis«). Das lange Dank- und Bittgebet fügt nachdrücklich besondere Weihe hinzu. Mabillon, Edition, 447/ 16, Anm. a): »Id scribit auctor habita ratione sui temporis, quo virgines Hoemburgenses a monastica ad canonicarum statum deflexerant.« Erstmals 755 hatte das Konzil von Verneuil den Nonnen die Wahl freigestellt, zu leben »sub ordine regulari aut sub manu episcopi, sub ordine canonico«: MGH Leges sect. II, n. 2; Cap. reg. franc. t I, 35, can. 117. Über die Institutio

sanctimonalium Aquisgranensis und deren hohe Anforderungen an den Lebenswandel der Äbtissin, fernerhin über die Amtsnachfolge durch ein »regelrechtes Erbrecht« s. Heidebrecht/Nolte, Leben im Kloster, 95-104.

Anfangs befolgten Hohenburg und Niedermünster eine von Odilia persönlich zusammengestellte Mischregel nach Anweisungen zum geistlichen Gemeinschaftsleben von Caesarius von Arles, Columban, Donat v. Besançon, Benedictus u. a. Angenendt, Das Frühmittelalter, 216; Barth, Die Hl. Odilia I, 49; Burg, Quelle Règle Sainte Odile Introduisit-Elle à Hohenburg? 123–4. Folz, Remiremont, 22–3; auch 27, Anm. 50: Um 650 gab es allgemein Mischregeln mit columbanischen und benediktinischen Elementen. Columbans *ordo officii* kam dem »unaufhörlichen Gotteslob« der *Laus perennis* nahe, die man nach östlichem Vorbild von Agaunum aus in vielen Klöstern des 7. Jhdts. so gern organisierte und als zentralen Gebetsdienst feierte. Frank, Geschichte des christlichen Mönchtums, 52–6, sieht in der Praxis der Mischregeln einen lebendigen Prozeß. Kanoniker- und Benediktinerregel hätten sich einander angeglichen, Übergänge gab es ohne Schwierigkeit. Guillaume, Les abbayes des femmes, 38 ff; Jakobi/Parisse in Louis, Remiremont, 14: Doppelklöster, Mischregel, Laus perennis. Levison, Die Iren und die fränk. Kirche 97; Nolte, Klosterleben, 258–61; ausführliche Literaturangabe 268–71; Parisse, Les nonnes au Moyen Age, 25; Pfister, Le Duché, 43–4. Prinz, Frühes Mönchtum im Frankenreich, 103–5; 659; besonders 278: »In dem benediktinischen Nonnenkloster ... vermochte es die heilige Odilia ..., ihre Nichte Eugenia zur Nachfolgerin zu designieren.« Ders., Die Rolle der Iren, 214–7; Riffenach, Odile d'Alsace, 126–8; 141; Uhry, le mont-sainte-Odile, 21; Wehrmeister, Die heilge Ottilia, 26; 140–1, Anm. 2. Wemple, Women in Frankish Society, 168, sieht gleichfalls nur geringfügige Unterschiede zwischen Benediktinerinnen und Kanonissen. Winterer, Die hl. Odilia, 48. Wood, A prelude to Columbanus, 3–32: Verbreitung der Laus perennis im Frankenreich.

Es ist also nicht ganz abwegig, Odilia für den Benediktinerorden zu reklamieren, so Mabillon, Edition, 442/ 5: »Regula S. Benedicti ab ipsa servata«, und zwar bereits im Kloster »Palma«.

39 Späterer Überlieferung nach soll Bischof Erhard Odilia bei der Taufe einen kostbaren Schrein mit Reliquien Johannes des Täufers geschenkt haben (Gebwiler, S. Otilien, 34). Als Äbtissin von Hohenburg hat Odilia keinen anderen Vertrauten, Ratgeber oder Herrn neben bzw. über sich. Nur der Konvent, den sie leitet, kann ihre Machtvollkommenheit definieren.

40 Odilia baute verschiedene Oratorien, damals einfache, rechteckige Gebetsräume auf Hohenburg. Barth, Die hl. Odilia I, 416–7: fünf Kapellen und die Klosterkirche; Peltre, La Vie, 81: Kapellen bzw. Gebetsstationen. Wood, A prelude to Co-

lumbanus, 16–7: Die turmae, die 7 Gebetsgruppen zum Vollzug der Laus perennis, versammelten sich gesondert zur jeweils bestimmten Zeit am jeweils bestimmten Ort im eigenen Oratorium.

41 Odilia sucht Stein und Höhle auf als Ort ihres persönlichen Gebets. Im physischen Kontakt mit dem »Stammesboden u. der ihm innewohnenden Gottheit« erfahren die irischen Könige Kraft: Barrow, Das mittelalterliche englische und schottische Königtum, 380, Anm. 75. Steine als Orte einer Hierophanie, wie in Jakobs Traum: Eliade, Die Religionen und das Heilige, 494; Le Gros, Le Mont-Sainte-Odile, 260–1; Pfleger, Roches sacrées, 83.

42 »glocke« kelt. Wort; Kultgegenstand aus Nordafrika, im 6. Jhdt. zu den britischen Inseln importiert: Grimm, Deutsches Wörterbuch Bd. 8, 142–3; Gougaud, Christianity, 355–6; Strasser, Irisches im Althochdeutschen, 404–7. »signum« = Glockenzeichen, auch Weidemann, Kulturgeschichte, 136. Gebetszeiten nach den Gestirnen, sich ändernd mit den Jahreszeiten: dies., a. a. O., 227 ff.

43 Levison weist auf »Speisesatzung mosaïscher Art« unter irischem Einfluß hin: Edition, 47, Anm. 1; auch ders., Die Iren und die fränk. Kirche, 99.

44 James, Archeology, 44, führt das »dormitorium« der Vita Odiliae an. Ein gemeinsamer Schlafraum schloß Einzelzellen und -hütten zur Privatandacht sowie als Wohnung für Kranke, Alte und besonders Bewährte nicht aus.
Auf dem gemeinsamen Schlafraum beharren sowohl Caesarius von Arles (»Regula sanctarum virginum«, [VII], S. 188) als auch der einfühlsame Donat von Besançon (»Regula ad virgines«, c. XII, S. 279), der die strengen Klausurvorschriften seines Amtsbruders vernünftig mildert und etwa Armenfürsorge ausdrücklich erlaubt (»pauperes recreare«, c. III, S. 276).
Denkbar ist die Abtrennung durch Verschläge bzw. Stoffbahnen, denn Donat verbietet luxuriöse Behänge (c. LXIII, S. 293) und — sehr energisch — das Verstecken von Eßwaren in den Betten (c. XXIV, S. 282).

45 Hohenburg war im Frühmittelalter Haus- und Familienkloster der Etichonen. Peltre, La Vie, 96–7, schildert, wie Adalric und seine Gattin wohlversorgt bei den dankbaren Schwestern einen friedlichen Lebensabend genossen. Doppelklöster dienten als Altersheime für die gehobenen Ansprüche von Fürstlichkeiten beiderlei Geschlechts: Nicholson, Feminae gloriosae, 20. Das Herzogspaar wurde auf Hohenburg beigesetzt. In der Johannes-Kapelle verehrte man auch das Grab von Adalrics Enkelin Eugenia, Odilias Nachfolgerin. Vgl. Barth, Die Hl. Odilia I, 40–3. Eine Etichonin der 4. Generation, Adala, ist als Äbtissin von Hohenburg anno 783 bezeugt: Levison, Einleitung, 24; ders., Edition, 47, Anm. 2, 3, 4. Hugo, ein Etichone, regierte im 10. Jhdt. auf Hohenburg: Büttner, Geschichte des Elsaß, 70, Anm. 44.

46 Die »consuetudo ..., ut cottidie secundum ordinem viritim (Textvariante a: vicissim) ieiunarent et psalterium decantarent,« bezeugt, daß der Konvent zu Odilias Zeit das immerwährende Gotteslob sang.

47 »celleraria« sorgt für den täglichen Wein (nach regula S. Benedicti c. 31), so Levison, Edition, 48, Anm. 2. Anklang: Donatus' Regula LXI, S. 292.

48 Daß die frommen Nonnen sich am Wein laben, unterläuft die strenge asketische Intention Peltres und der Freiburger Kapuzinerpredigt. Darum heißt es dort, der Trank sei bis auf die letzte Ration den Armen ausgeteilt gewesen: Peltre, La Vie, 110; Kurtz=verfaßter Lebens=Lauff, 56.

49 Parallelszene Vita Columbani auct. Iona, l.I, c. 17: Die Seele eines irischen Gefährten (mit Namen gleichfalls Columban) wird noch einmal in den Leib zurückbefohlen. Erst nach Empfang der Wegzehrung und gebührender Verabschiedung im Kreis der Mitbrüder stirbt der Mönch dann richtig. Seit alters gibt es Berichte darüber, daß Todkranke eine Art Entrückung, wie außerhalb ihres Körpers erleben, ebenso darüber, daß Menschen mit solcher Grenzerfahrung die Schwelle zurück nur widerwillig überschreiten. Ein Beispiel dafür ist in der Vita Severini, c. 16, nachzulesen, s. Zinndobler, Der hl. Severin, 48–9. Dazu auch Günter, Psychologie der Legende, 301. Gebwiler, S. Otilien, 56; Peltre, La Vie, 116; »Kurtz=verfaßter Lebns=Lauff«, 57, schreiben von Verzückung und Schlaf bzw. Entrückung und Ekstase. Welschinger, Sainte Odile, 90 ff: Odilia war nur ohnmächtig.

Das Thema scheint aktueller denn je. »Dank den technischen Möglichkeiten der modernen Medizin tritt der Arzt heute immer häufiger Menschen gegenüber, die nach klinischen Maßstäben bereits tot waren, jedoch durch künstliche Eingriffe ins Leben zurückgeführt wurden. Naturgemäß empfindet er solche Erfolge als Höhepunkte seines beruflichen Wirkens, doch zu seinem Erstaunen muß er feststellen, daß seine Freude bei dem vom Tod Erretteten keinen Widerhall findet.« Jünger, Die Schere, 174.

50 »Geruch der Heiligkeit« beim Tod und nach der Beisetzung indiziert seit Gregor dem Großen in der Hagiographie den seligen Heimgang, die Gegenwart der Engel am Totenbett: Picard, The Marvellous, 94; van der Meer, Leben des Benediktus, 67–8. Element der Hagiographie weiterhin: Graus, Volk, Herrscher und Heiliger, 65. Realistische Interpretation bei Barth, Die Hl. Odilia I, 40: Eugenias Sarg war aus stark riechendem Kalkstein. Ähnlich Peltre, La Vie, 119: Odilia wurde in einem Sarkophag aus duftendem Kunststein beigesetzt. Trüb, Heilige und Krankheit, 199: süßlicher Verwesungsgeruch?

51 Der Konvent von Hohenburg besteht auf dem Ritual des in der Gemeinschaft zelebrierten »großen« Todes. Als Hauptakteur hat der Sterbende die Zeremonie zu leiten. So führt auch Odilia wieder Regie, richtet sich auf, spricht, gibt An-

ordnungen. Ariès, Geschichte des Todes, 24, über die »vertrauten Todesrituale«.

52 Der Empfang des Sakramentes im Kreis der Angehörigen und aller, die an dem Ereignis teilnehmen wollen, »zähmt« die Schrecken des Todes im christlichen Mittelalter (ders., a. a. O., 30).

53 Die besondere Art des Vorgangs in der Vita Odiliae läßt darauf schließen, daß auf Hohenburg kein Priester stationiert gewesen ist. Die Handkommunion war geweihten Frauen erlaubt, auch die Kommunion unter beiden Gestalten, so Mabillon zu den Actis S. Odiliae, AA SS Ordini S. Benedicti, saec. III, p. LV (76); Ryan, Irish Monasticism, 351. Später interpretierte man die Handlung als »singulier« und »plus audacieux«: Pfister, Le Duché, 59, Anm. 1; Riffenach, Odile d'Alsace, 138. Vielleicht aus Vorsicht deutete die Legende um: Engel hätten der Sterbenden die hl. Kommunion mit dem Kelch gereicht: Gebwiler, S. Otilien, 56; Peltre, La Vie, 117–8. Seit dem vorigen Jhdt. reklamierten nicht-katholische Christen die so selbständige Heilige als »die erste evangelische Äbtissin und fürstliche Diakonissin im Elsaß«, vgl. Horning, Odilia »Gottessonne«. Odilia als Identifikationsfigur der evangelischen Diakonissen: Barth, Die Hl. Odilia I, 481 ff.

Gerüchte von ihrem angeblich »johanneïschen« Christentum iro-schottischer Herkunft gegenüber dem von Rom reglementierten »petrinischen« vernehmbar bei Horning, a. a. O., 2; Maurer, Die Heilige Odilie / Legende und Geschichte, Goetheanum Dornach/Schweiz 1982[2], 2, 17 ff; Riffenach, Odile d'Alsace 138.

Es ist in keiner Weise die Rede davon, daß Odilia Brot und Wein konsekriert habe. Dennoch umgibt den Kelch, Symbol und Wappen des Odilienbergs, nicht nur hinsichtlich seiner Herkunft, seines Materials, seines Verschwindens, ein Geheimnis. Übte Odilia eben doch Ende des 7. Jhdts. in ihrem Konvent Funktionen aus, welche später die Kirche ausdrücklich den Priestern vorbehielt?

Shahar, Die Frau im Mittelalter, 36: »Anfang des 6. Jhdts. durften katholische Frauen in Nordgallien und Irland an der Seite männlicher Priester zelebrieren, womit sie eine alte keltische Überlieferung im Rahmen der christl. Kirche fortsetzen.« Vogt, Zur Spiritualität, 41; Wemple, Women in Frankish Society, 139: Meßfeiern zweier bretonischer Priester mit »conhospitae«, die auch den Kommunionkelch reichten (Quellen- und Literaturangaben a. a. O., 273, Anm. 72). Am ausführlichsten informiert Gougaud, Christianity, 87, Quellenangabe in Anm. 3, über den Vorfall, den ca. 515–520 drei Bischöfe der Diözese Tours in einem Brief an die bretonischen Priester Lovocat u. Catihern rügten: Hier werde die orientalische Häresie des Pepundius eingeschleppt.

Im 7. Jhdt. hörten Äbtissinnen in ihrem Konvent Beichte. Im 2. Buch der V. Columbani schreibt Jonas, daß in Faremoutiers die Klosterfrauen unter den Zeichen von Brot und Wein die Eucharistie empfingen. Über Zulassung oder Ausschluß, etwa bei einem Regelverstoß, entschied die Äbtissin Burgundofara (c. 13). Dreimal des Tages hörte sie Beichte (c. 17). Ertappte Ausreißerinnen drängte sie zu Bekenntnis und Reue, um ihnen doch noch die Kommunion spenden zu können. Umsonst, die Schuldigen starben unbußfertig (c. 19). In einem anderen Fall schrie die Sünderin aus Angst um ihr Seelenheil nach der Beichtmutter (c. 21). Vgl. Krusch, Einleitung zur Edition, SS rer. Merov. IV, 26. Äbtissinnen segneten die Frauen und Männer (= Geistlichen) ihrer Gemeinschaft und nahmen — wie Odilia (Vita, c. 19) — die Jungfrauenweihe vor. Dagegen hielten fränkische Kirche und König Karl im 8. Jhdt. die Frauen auf Distanz. Sie durften den Altarraum nicht betreten, den Kelch — selbst das unkonsekrierte Brot — nicht berühren, auch nicht segnen oder weihen, vgl. Wemple, a. a. O., 142–3. Quellen- und Literaturangaben 275, Anm. 91–2; 292, Anm. 134; 294, Anm. 157.
In der 2. Hälfte des 9. Jhdt. wurden diese Verbote gelockert. 868 erneuerte das Konzil von Worms die Ordination zum Diakonat für Frauen über 40 Jahre (nach can. 15 des Konzils v. Chalcedon). Wemple, a. a. O., 146–7. Indiz für die Entstehung der Vita Odiliae während dieser Epoche der Toleranz, die sich den Verhältnissen im 7. Jhdt. annähert? Wittern, Frauen zw. asketischem Ideal und weltlichem Leben, 272, Anm. 78, erwähnt gleicherweise »quasi-priesterliche Funktionen der Äbtissinnen ... in den fränkischen Klöstern des 7. Jhdts.«

54 Der Kelch soll aus Silber und einem anderen Material bestanden haben — ähnlich dem Tassilo-Kelch? Bis zur Auflösung des Konvents von Hohenburg 1546 wurde er dort als Erinnerungsstück, als Reliquie und Signum des Klosters verehrt. Als die Kanonissen den Berg verließen, nahm ihn der zuständige Bischof von Straßburg in Obhut. Er ließ den Schatz in Zabern verwahren (Gebwiler, S. Otilien, 59). Dort ging er während des Dreißigjährigen Krieges verloren. Barth, Die Hl. Odilia I, 137; Levison, Edition, 50, Anm. 1; Pfister, Le Duché, 59, Anm. 1; Wehrmeister, Die hl. Ottilia, 141–2, Anm. 47. Irische Kelche enthielten Weichmetall, zum Teil Glas, Bernstein, Quarz: Gougaud, Christianity, 354; Ryan, Irish Monasticism, 292, Anm. 6.

55 Das Heiligengrab begründet bis heute das religiöse Leben auf dem Odilienberg. Angenendt, Das Frühmittelalter, 260; Familiengrab als »Kraftquelle der Familie«. Graus, Volk, Herrscher und Heiliger, 66: »Der Heilige erreicht durch seinen Tod die Vollendung, sein Grab wird zur Kultstätte.« MacNamara, A Legacy of Miracles, 48–52: Das Grab der Heiligen und seine Wunder sichern den Bestand und das Überleben eines stets von der habgierigen, gewalttätigen

Umwelt gefährdeten Frauenklosters. Vgl. auch Weidemann, Kulturgeschichte, 233 ff.

56 Hinweis auf ein unter Umständen geleistetes Martyrium — Übernahme aus Isidor von Sevilla (Isidor ep. Hisp. Etymologiae 7, 11, 4 ed. W. M. Lindsay): »nam multi ... cunctis carnalibus desideriis resistentes per hoc, quod se omnipotenti Deo in corde mactaverunt, etiam pacis tempore martyres facti sunt, qui etiam si persecutionis tempus exsisteret, martyres esse potuerunt.« Lotter, Methodisches, 318, Anm. 76.

57 Todestag 13. Dezember zuverlässig bezeugt: Levison, Edition, 50, Anm. 3, 4. Todesjahr 717? so Barth, Die Hl. Odilia I, 22, der es aufgrund einer Notiz bei Florentius v. Worcester berechnet, die als Todestag einen Montag nennt. 717 fiel der 13. Dezember auf einen Montag.
Es ist der Tag der hl. Lucia. Über die Märtyrerin s. Propylaeum ad Acta Sanctorum Decembris, 580. In der Ikonographie treten die beiden heiligen Jungfrauen häufig gemeinsam auf — vgl. Naumann G., München, dessen Nachlaß, eine Dokumentation über die Ikonographie der Hl. Odilia im deutschsprachigen Raum bis zum Jahre 1984, in 12 Aktenordnern in der Erzabtei St. Ottilien aufbewahrt wird. Vielleicht führt der Hinweis zu einer fachgerechten Auswertung. Selbst verdanke ich die Einsichtnahme am 9. Juli 1990 dem unermüdlichen Chronisten des Klosters, P. Frumentius Renner.

Anmerkungen zu IV.

1 le Club Vosgien, Carte des Vosges (1:25 000) Mont Sainte-Odile / Obernai / Institut Géographique National Paris 1980.

2 Die Quelle St. Johann innerhalb des Mauerrings war früher ergiebiger (Legros, Le Mont Sainte-Odile 24) und versiegt bei längerer Trockenheit (Pétry/Will, Le Mont Sainte-Odile 19). Für Tausende und ihr Vieh hätte sie nicht ausgereicht. Wasser etwas außerhalb spendeten die Quelle v. Herzthal u. die Odilienquelle. Auch an Zisternen wäre zu denken. Möglicherweise drückten Gesteinsverschiebungen alte Wasseradern ab und eröffneten neue (Lefftz, St. Odilien, 20). Im Tal von Niedermünster dagegen Überfluß (Pétry/Will, a. a. O., 20).

3 Konstruktion der Mauer nach orientalischer Technik aus dem 2. Jahrtausend v. Chr. — Parallelen in Ras Shamra, Ugarit, bekannter noch beim Atriden-Grab — Verklammerung der Steinblöcke durch »Schwalbenschwanz«-Keile aus Hartholz (Eiche). Entstehung der ältesten Steinsperre Ende der Jungsteinzeit/Spätbronzezeit (1100 v. Chr.); Ergänzung zum Ausgang der Hallstatt-Zeit ca. 5. Jhdt. v. Chr., Abschluß im 2./1. Jhdt. v. Chr.; Instandsetzung durch die Römer 3./4. Jhdt. n. Chr.; Neuanlagen. Wiederbesiedlung der

Burg (des castrums) durch die ducs d'Alsace, Gräber aus früher Merowingerzeit. Barth, Die Hl. Odilia I, 10; Legros, a. a. O., 32; Mantz, Le Mur Païen, 49; Pétry/Will, a. a. O., 27, 160–1 als jüngste (1988) umfassende Zusammenstellung.

4 Silbermann, Beschreibung, »Ein Heydnischer Tempel«, 19-20, Anm. (o). Will R./Himly F. J., Les édifices religieux en Alsace, 56–8, halten ihn — wenig überzeugend — für ein romanisches Bauwerk, ebenso die Engelskapelle.

5 Prinz, Frühes Mönchtum, 398.

6 Peltre, LA VIE, 5–7; 97; Silbermann, Beschreibung von Hohenburg oder dem St. Odilienberg samt umliegender Gegend.

7 Fabienne Allemanns stimmungsvolle Aufnahmen im Bildband b. Riffenach, Odile d'Alsace.

8 Jünger, Die Schere, 25; ähnlich Legros, Le Mont Sainte-Odile, 84: »... il y a des lieux où la transparence de la matière est plus frappante.«

9 Eliade, Die Religionen und das Heilige, 418: »Der Ort wird keinesfalls vom Menschen ›gewählt‹, er wird nur von ihm ›entdeckt‹ ...; anders ausgedrückt, er offenbart sich ihm auf die eine oder andere Weise.«

10 War ein Riesenbär Wegweiser für Adalrics Jäger zur Hohenburg? Vermutung bei Legros, a. a. O., 101. Über Vogesenbären: Daniel-Rops, Le Mont Sainte-Odile, 21. Ähnlich Gründungssage des späteren Klosters Andlau in der Nachbarschaft: Bär führt von Hohenburg nach Andlau, so Maurer, Die elsäss. Sagen I, 104.

11 Eliade, a. a. O., 419; James, Archeology and the Merovingian monastery, 40–1: Der Wall (septa monasterii) wurde bei der Anlage der Klostersiedlung als erstes aufgeworfen. Hier hatten ihn Natur und Geschichte dem Adalric bereitgestellt.

12 Lotter, Severinus v. Noricum, 7–8: Sagen haften an Orten, bestimmten Namen, reflektieren historische Vorgänge, propagieren auch einen gewissen Lokalpatriotismus, bei der Wiedergabe stehen »Vortragender und Zuhörer in engem wechselseitigem Kontakt«. Am Werk ist eine Art »Kollektivpsyche«. »Märchen trägt eher internationalen Charakter und schwebt über Raum und Zeit, auch finden sich hier häufiger archaïsche Elemente.« Röhrich, Märchen und Wirklichkeit, 10: »Die historische Sage knüpft oft zum Beweis ihrer Richtigkeit an einen sichtbaren Gegenstand an ... Die Sage braucht solche Formen, weil sie ständig Wirklichkeitsbeziehungen herzustellen sucht; historische Sagen wollen ›Geschichte‹ sein; Märchen dagegen sind ›Geschichten‹.

13 Lüthi, Märchen, 12.

14 Lüthi, Das Volksmärchen als Dichtung, 157; 158: »Entwicklungsmärchen«.

15 Zitate Röhrich, Märchen und Wirklichkeit, 232; 233.

16 Lüthi, Das Volksmärchen als Dichtung, 154.

17 Röhrich, Sage und Märchen, 19–24.

18 Lüthi, Das Volksmärchen als Dichtung, 155.

19 Parallele: Der Recke Starkad, als Kind nach dem Trauma eines Hallenbrandes ein »Herdputzer« in der Fremde, bleibt sprachlos und kommunikationsarm, bis ihn der Anruf eines Freundes erweckt. »Starkads Rückblick«: »Der Herdputzer / Beim Holze saß, / Nach nichts fragend, / Auf der niedern Bank. / Bis Wikar kam ... / Er sprach zu mir, / Daß auf ich stand / Und Antwort gab ...« Edda. Erster Band / Heldendichtung. Übertragen v. Felix Genzmer, Thule / Altnordische Dichtung u. Prosa, Diederichs, Jena 1912, S. 187.

20 v. Beit, Symbolik des Märchens, II. Buch: Die Suchwanderung, 585 ff.

21 Röhrich, Märchen und Wirklichkeit, 237.

22 Lüthi, Das Volksmärchen als Dichtung, 200, Anm. 348.

23 Eliade, Mythos und Wirklichkeit, 195.

24 Galsvintha, die westgotische Königstochter, und Fredegunde; zwischen beiden Chilperich von Neustrien: Gregorii ep. Turonensis Historiarum libri X, l. IV, c. 28.

25 Rigunthe, Chilperichs Tochter von Audovera, und Fredegunde, ders., l. IX, c. 34. Die böse Stiefmutter — »a common motif in western folklore« — stammt aus der Realität des frühen Mittelalters. Meist war sie eine der Frauen des Königs, die den Erbanspruch ihres Kindes gegenüber seinen Stiefgeschwistern mit allen Mitteln durchsetzte. Als Witwe galt sie nichts; als Mutter eines jungen (unmündigen) Königs aber besaß sie Reichtum, übte sie Macht aus. In einer Zeit, wo weder Monogamie des Fürsten noch ein striktes Erbrecht (Primogenitur) durchgesetzt war, räumten ehrgeizige Frauen rücksichtslos unter den Konkurrenten auf (Stafford, Sons and mothers: familiy politics, 100; 80: krasser Fall in England a. 979, wo gedungene Mörder König Edward den Märtyrer erstachen, während ihm die Stiefmutter den Begrüßungstrunk reichte).

26 Urgroßvater mütterlicherseits des Gregor v. Tours, dessen Neffen Attalus Koch Leo herausholt: ders. l. III, c. 15; vgl. Grillparzers Drama »Weh dem, der lügt«.

27 Chronicarum quae dicuntur Fredegarii Scholastici libri IV cum Continuationibus, l. III, c. 12, S. 97: Childerichs (I.) und Basinas Hochzeit.

28 Röhrich, Märchen — Mythos — Sage, 17–8.

29 Lüthi, Das Volksmärchen als Dichtung, 158: »Lebenslauf in aufsteigender Linie«, »jeder Umweg führt den Helden eine Stufe höher.«

30 Lotter, Methodisches, 324.

31 Gebwiler, S. Otilien, 31–2, nennt vier Söhne: Adelbert, Bathaco, Etto = Hecho, Hugo und eine jüngere Tochter Roßwinda.

32 Peltre, La Vie, 35–7; Kurtz=verfaßter Lebens=Lauff, 19.

33 Verdon, Les femmes laïques, 241: Verspottung des häßlichen Kindes; als Findelkind verschrien: Legendenlieder.

34 »welches sie niemahl beurlaubet hatte«: Kurtz=verfaßter Lebens=Lauff, 24. Auf informellen Abschied deutet, daß Odilia ihren kostbaren Purpurschleier angeblich in

Beaume-les-Dames zurückließ (s. o. Anm. III/15). Derlei Kleidungsstücke wurden im Kloster von einer eigenen Wärterin unter Verschluß gehalten (Caesarius v. Arles, Regula sanctarum virginum, [XXVII], S. 206).

35 Lüthi, Das Volksmärchen, 159: »Das Aushaltenkönnen von lang andauernden Spannungen zeigt sich in Suchwanderungen, im jahrelang durchgehaltenen Schweigen.«

36 Nörtesheuser, Arm u. reich, Enzyklopädie des Märchens I, 791.

37 »Viele Aussetzungssagen enden damit, daß der gerettete Held ein Reich, eine Stadt, ein Heiligtum gründet. ... Reich, Stadt, Tempel sind Abbilder des großen Kosmos. Bezeichnenderweise haben Aussetzungssagen sehr häufig Beziehung zu Orten mit Mittelpunkts-Charakter (heilige Berge, Höhlen, Quellen; Inseln, Paläste, Tempel); sie spielen an Orten, die man als mythische Urzentren bezeichnen kann.« Eliade, Die Religionen und das Heilige, 132–5.

38 Kindertötung als homicidium: Handwörterbuch des deutschen Aberglaubens Bd. 4, 1390–1; Aussetzung durch den Vater verurteilte die Kirche »unter allen Umständen«. »Die Kirche mußte um so strenger den Kindesmord verdammen, als diese Kinder ja der Taufe verlustig gingen.«
Laporte, Le Penitentiel, 91: 10 Jahre Fasten für das homicidium, nur 3, wenn man das Kleinkind — unachtsam — im Bett erdrückte: »infantem suum oppressit«. Letzteres kam nicht selten vor.

39 Le Goff, La naissance du Purgatoire.

40 Röhrich, Probleme der Sagenforschung, 23.

41 Ders., a. a. O., 27; 22–3: »Dämonen wirken als Berichtiger eines Fehlverhaltens. So stellen die Sagen Befunde über den richtigen oder falschen Standort des Menschen fest. Sie sind eine Gebrauchslehre des Richtigen und Falschen, eine Beispielsammlung von gelungenen oder mißlungenen Lösungen in Daseinskonflikten.«

42 Odilia als Sippenheilige mit heiligen Eltern und Nichten sogar anerkannt bei Graus, Sozialgeschichtliche Aspekte, 145, Anm. 89; 171, der sonst von fränkischen »sogenannten Adelsheiligen« im Frühmittelalter wenig wissen will. Dagegen: Prinz, Heiligenkult und Adelsherrschaft, 544: »Familiengeschichte«, »sippengebunden Elemente in der Hagiographie«. Folgerung, 540: »Ohne den Adelsheiligen der Merowingerzeit ist die Ethisierung des Adeligen im Hochmittelalter undenkbar.«

43 Schicksalseinheit der Sippe: Hattenhauer, Das Recht der Heiligen, 128–9: Des Friesenherzogs Radbod Taufe scheiterte an der negativen Antwort auf seine Frage, ob der Fürst als Christ die ewige Seligkeit mit seinen heidnischen Vorfahren teilen werde.
»Zur Fürstenfamilie gehörten auch die bereits Verstorbenen. Alle mußten mitgehen können, mußten von dem Rechtsakt begünstigt werden, wenn das Recht nicht verletzt werden sollte. Wir stoßen hier auf die germanische Vorstel-

lung von der Einheit der Personalverbände Volk und Verwandtschaft. Nicht der Einzelne war rechtsfähig im modernen Sinn, die Kette der zu ihm gehörenden Geschlechter war Träger des Rechtes und handelte verbindlich für den Einzelnen. Er konnte nur ein einheitliches Schicksal haben. Deshalb sorgte man sich am Ahnengrab um die Meinung der Vorfahren ... Deshalb führte die Ausstoßung aus dem Familienverband zur Rechtlosigkeit und zur physischen Vernichtung«

44 Kaiser Trajan wird seiner Gerechtigkeit wegen von Papst Gregor dem Großen aus der Hölle losgebeten: Le Goff, La naissance du Purgatoire, 126; Kretzenbacher, Versöhnung im Jenseits, 39; van der Meer, Leben des Benedictus, 156–60, Anm. 22.

45 Legendenlieder, 44, Strophen 7–10 (Kommentar 99):
»Soll ich sein denn ein gefundenes Kind, / So will ich mein Vater erlösen, / Erlösen aus der höllischen Flamme, ja Flamme.«
Sie kniet sich auf einen Marmorstein, / Sie kniet sich Löcher in ihre Bein, / Sie weint sich Löcher in ihre Wangen, ja Wangen.
Sie weint und betet alle Tag und alle Stund, / Bis daß der höllische Satan ankummt / Und bringt ihr Vater auf dem Rücke, ja Rücke.
Es ist einmal geschehen ...

46 Ähnlich konnte die Stiftungsurkunde für Murbach den Grafen Eberhard, Neffen der Odilia, zu Beginn seines geistlichen Lebens als blinden, seines Erben beraubten Mann sprechen lassen:
»Salvator et redemptor humani generis qui omnes vult salvos fieri ... non meis meritis exigentibus, sed pro clementia sua me in corpore visitare dignatus est et fallax temporaleque lumen subtraxit, ut ad verum, quod ipse est, me acsi indignum perduceret lumen, eciam sua providencia, quamvis me optante ex proprio corpore legitimum heredem, qui michi successor existeret, similiter subtraxit.« Bruckner, Regesta Alsatiae I, Nr. 127, S. 68.

Anmerkungen zu V.

1 Lotter, Methodisches, 322–3: Notatio als spätantike Form der Persönlichkeitsbeschreibung. »Charakter, Wesensart und Verhaltensweisen ... werden hier durch eine Reihe asyndetisch aneinandergereihter Adjektiv-Substantiv-Verbindungen dargestellt, wobei neben dem durch Adjektivattribut erweiterten prädikativen Ablativus oder Genitivus qualitatis am häufigsten jene Spielart auftritt, die ein prädikatives Adjektiv durch ein meist einen bestimmten Lebensbereich bezeichnendes Substantiv — vielfach mit limitierendem *in* — näher eingrenzt. Eine Anzahl von in dieser Weise erweiterten Prädikativa wird jeweils aneinanderge-

reiht, um in der Regel dann in eine weiter ausholende Konstruktion, vielfach einem *ita- ut-* oder Relativ-Satz einzumünden. Trotz der Stereotypie der Form ermöglicht sie eine weitgehende Variation.« Hier spricht Lotter von »hagiographischer Versatzstücktechnik«.

2 Ders., a. a. O., 328: Narratio, Wunderepisode. Dazu Hattenhauer, Das Recht der Heiligen, 10: »literarische Form aus zwei Elementen: erstens einem Konflikt, und zweitens einem Handeln des Heiligen, zumeist einem Wunder, das den Konflikt löst ...«

3 Rheinischer Merkur / Christ und Welt, Nr. 17 zum 27. April 1990: Zum Tod des Journalisten James P. O'Donnel »Zeitzeuge« von Alexander Jung: »Trotz seiner großen Kenntnis über Deutschland verblüfft doch eine bemerkenswerte Vision, die O'Donnell 1979 im ›Reader's Digest‹ veröffentlichte: ›Kürzlich träumte ich von Berlin. Das Jahr war 1989. Die Mauer wurde abgerissen. Schlaue Händler schlängelten sich durch die fröhliche Menge und verkauften Mauersteine als Souvenirs.‹«

4 Berschin, Biographie und Epochenstil II, 105: »Vision als Mitte des Lebens«. Picard, The Marvellous, 95: vision of angelic light scorching the eyes of an indiscreet looker-on indicates the presence of the Divine Spirit. »From a subjective point of view they« (visions) »permit us to analyse the psychic universe of the saint and his relations with God, from an objective point of view they allow the hagiographer to give a fantastic dimension to his narrative, which it would be difficult to place in the real world.« Zinndobler, Der hl. Severin, 11, deutet Visionen unter »heilsgeschichtlicher Perspektive«. Handlungen werden »unter Überspringung der Primärursachen unmittelbar mit Gott in Beziehung gebracht.« So präsentiert sich als »Prophetie, was vielleicht Ergebnis eines gutausgebauten Nachrichtennetzes war und als Wunder, was Fleiß, Umsicht und gute Organisation zuwege gebracht haben.«

5 Curtius, Europäische Literatur und lat. Mittelalter, 115; Günter, Hagiographie und Wissenschaft, 84. Auch Skeptikern nachvollziehbar die behutsame Annäherung an das komplexe Thema — unterscheidend zwischen religiöser und magischer Wunderauffassung — von Lotter, Severinus v. Noricum, 90 ff, sowie Picard, The Marvellous, 92, 99. Die Feststellung: »Simply put, the miracles are the whole point of the Vitae and the cults they served.« von MacNamara, A Legacy of Miracles, 38, dürfte überzeichnet sein, trifft nicht einmal innerhalb derselben Epoche auf alle Viten zu. Ausgewogen: van der Meer, Leben des Benedictus, 52–6; von den Steinen, Heilige als Hagiographen, 245–50, schließt: Wunder sind »das extreme und populäre Kennzeichen des Heiligen.« Zinndobler, Der hl. Severin, 11: »Um die Allursächlichkeit Gottes zu betonen, werden tatsächliche Ereignisse hagiologisch verfremdet.«

6 Pfister, La Légende, 95: »O miracle! — elle voyait.«

V [7] Vita Hildulfi prima AA SS 11. Juli t III, 212. H. Belhomme, Abt von Moyenmoutier, der Herausgeber im 18. Jhdt., beruft sich auf ein Manuskript — codice Mediani 964 — »septingentis abhinc annis exarato« (211). S. Hildulf, legendärer Bruder Erhards v. Regensburg, angeblich auch Bischof v. Trier, wurde im Kloster Moyenmoutier (»Medianum«, westlich der Hohenburg an der Meurthe, gegenüber Etival) verehrt und dort begreiflicherweise seinem berühmteren Bruder vorgezogen: Er agiert als Täufer, der andere als Beistand bzw. Pate.

[8] Vita Erhardi episcopi Bavarici auctore Paulo ed. Levison, SS rer Merov. VI, 1 ff. Der Herausgeber datiert die Vita zwischen 1054 und 1073 (S. 6). Da sie sich mit der Vita Hildulfi auseinandersetzt (c.8, S. 14), ist sie jünger als diese. Odilias Taufe schildert das 7. Kapitel (S. 13–4). Hier folgt auch die Deutung des Namens *Othilia* als »Gottes Sonne«, wie Levisons Anmerkung (14, Anm. 2) so erklärt: »Haud facile est hanc significationem eruere, nisi auctor vel litteram G praeponat, quasi sit *Got*, quod Germanis Deum significat, ἥλιος, id est sol, vel ab ἥλιος et *ia*, id est Deus Hebraice.«

[9] Pfister, La Légende, 96: »une métaphore«. Renner, St. Ottilien, 8, 15; Tschudi, Die heilige Ottilie, Vorwort, »Damals vor 100 Jahren«.

[10] Eliade, Mythen, 72: »Der Tod ist vielmehr ein Übergangsritus, der zu einer anderen Seinsweise führt; und aus diesem Grunde sehen wir ihn überall mit den Einweihungs-, Wiedergeburts- und Auferstehungsriten verbunden.« Krankheit als Bedingung zur Einweihung, s. 113. Erleuchtung des Kandidaten: »und diese entscheidende mystische Erfahrung begründet zugleich eine neue ›Sinnlichkeit‹ und eröffnet ... Fähigkeiten außersinnlicher Wahrnehmung« (122). Der Eingeweihte heißt »*elik*, der, der Augen hat« (127).

[11] Barth, Die Hl. Odilia I, 59, äußerte Zweifel, ob Blindheit gleich nach der Geburt diagnostiziert werden könne. Doch folgen die Pupillen eines gesunden Säuglings der rhythmischen Bewegung — etwa dem Hin und Her des schaukelnden Oberkörpers — einer gegenübersitzenden Person. Augenleiden sofort manifest bei ererbter venerischer Erkrankung: Salin, La Cilivisation Mérovingienne, II: Les Sépultures, 331, stellt an Skeletten Knochendeformationen durch Syphilis fest, häufiger bei der gallo-römischen und aus dem Orient zugewanderten Bevölkerung als bei den Franken.

[12] Zur skrofulösen Augenerkrankung im Jugendalter: Sasse, Ciba-Zeitschrift Nr. 93 Bd. 8 (Wehr/Baden 1959), 3078–9; Trüb, Heilige und Krankheit, 69. Der medizinische Hinweis bezüglich der Augenkrankheiten im Säuglings- und Jugendalter ist freundlicher Auskunft von Herrn Prof. Dr. Dr. h. c. Günter Mackensen zu verdanken, Direktor der Universitäts-Augenklinik Freiburg i. Br.

[13] Zitat bei Trüb, Heilige und Krankheit, 153, nach Carrel Alexis, Arzt u. Nobelpreisträger.

14 Schon die Vita Hildulfi verstand nicht mehr, daß Adalric seiner Tochter Taufe und Anerkennung schuldig blieb; sie behauptet das Gegenteil.
Odilia, die den widerwärtigen Nonnen in Palma zu entfliehen wußte, — sie verzehrt sich nun auf der Hohenburg in Sehnsucht nach dem geliebten stillen Konvent, so Peltre, flüchtet aber listigerweise in die Gegenrichtung. Eine rührende, geradezu biedermeierliche Familienidylle bricht bei Hofe aus. Der treue Bruder (nunmehr »Hugo« benannt), bleibt am Leben. Der Vater macht mit Lob und Lohn gnädiglich sein Unrecht gut. Die Schönheit ihrer neugeschenkten Tochter entzückt auf den ersten Blick die fürstlichen Eltern.
Viele edle Männer werben um die Hand der liebreizenden Prinzessin. Sie aber schlägt auch das ehrenvollste Angebot aus, einen vortrefflichen Herzog in Schwaben zu heiraten. Im Magdgewand flieht sie. Ein Felsen birgt sie vorm wieder erzürnten Vater; der Stein spendet Wasser. Endlich darf sie als Nonne auf Hohenburg leben. Da entdeckt sie ein durchreisender englischer König und verliebt sich in ihre wunderschönen Augen. Um ihn loszuwerden, reißt Odilia sie aus und schickt sie ihm. Danach schenkt ihr der Himmel ein neues Paar. Tatsächlich pilgerten englische Könige um die Wende zum 8. Jhdt nach Rom. Der noch heidnische Caedwalla v. Wessex durchzog Gallien a. 688, um sich Ostern 689 taufen zu lassen (Angenendt, Das Frühmittelalter, 232; ders, Die irische Peregrenatio, 72; Nicholson, Feminae gloriosae, 27).
Als Äbtissin heilt sie mitleidig hoffnungslos Kranke, schlägt, selbst schon kraftlos auf steilem Pfad, für einen verschmachtenden Pilger mit ihrem Stab, wie Moses, Wasser aus dem Felsen. Nicht von eigenen, von Engelshänden empfängt sie schließlich ihre letzte heilige Kommunion.
Zusammenstellung nach den Vorlagen s. Barth, Die H. Odilia I, 231–49, Wehrmeister, Die hl. Ottilia, 21–71.

15 Uhry, Le mont-sainte-Odile, 21, fast wörtlich nach Peltre, LA VIE, 93: »avec autant de succés que de sagesse«.

16 »Nonnenkrieg« v. Poitiers: Gregor, Hist. libri X, l.IX, c.8–43 (Edition Buchner I, 266–319); l.X, c.15–7; 20; (Ed., 359–73; 379). Dazu: Ennen, Frauen im Mittelalter, 53–5; Ewig, Studien, 3; Gäbe, Radegundis, 28; Guillaume, Les abbayes des femmes, 38: Aufstand der jungen Schwestern! Krusch, Kulturbilder aus dem Frankenreich, 797; Scheibelreiter, Königstöchter im Kloster, 1–37; Ueding, Geschichte der Klostergründungen, 211; Weidemann, Kulturgeschichte, 256 ff. Radegundis starb am 13. August 587. Der Aufstand loderte auf Ende Februar 589 (Ewig, a.a.O.. 49). Anführerinnen waren Basina, Tochter König Chilperichs von Neustrien, die 580 von ihrer Stiefmutter Fredegunde, anläßlich einer groß angelegten Säuberungsaktion unter der Stieffamilie, zu Radegundis ins Kloster abgeschoben worden war (Gregor, a. a. O., l. V, c. 39; Ewig, a. a. O., 33), sowie Chrodieldis,

Tochter König Chariberts I. v. Paris und seiner Frau Theudegild, die einen Schäfer zum Vater gehabt hatte. Chrodieldis trat schon 568 ins Hl.-Kreuz-Kloster ein, dessen Zucht ihr offenbar wenig anhaben konnte. Sie duckte sich 20 Jahr lang unter der Heiligen, brach dann gewalttätig aus, riß Basina und ein Viertel des Konvents mit. Sie lebte später auf einem königlichen Landsitz, während Basina zurückkehrte (a. a. O., 48). Es bekam den fränkischen Klöstern nicht immer gut, daß sie als Staatsgefängnisse für Leute vom Stand dienen mußten (Riché, Columbanus, 59). Caesareas Kloster St. Jean in Arles kriegte Scherereien mit besagter Exkönigin Theudegild; hier aber griff die Äbtissin hart durch: Gregor, a. a. O., l. IV, c. 26; vgl. de Vogüé/Courreau, Césaire d'Arles, T. I, 29, Anm. 1.

17 Aufstand in Wimborne: Vita Leobae auctore Rudolfo, c.4, 123–4; dazu auch Nicholson, Feminae gloriosae, 19.

18 Bonifatius an Erzbischof Cudberht v. Canterbury (a. 747) in: S. Bonifatii et Lulli epistolae, ed. M. Tangl, MGH Epistolae selectae t. II, Nr. 78, S. 169.
Angenendt, Die irische Peregrenatio, 76; Gougaud, Christianity, 168-9; Nicholson, Feminae gloriosae, 27; Wemple, Women in Frankish Society, 168.

19 Bischof Caesarius von Arles hingegen umgab das dortige Frauenkloster St. Jean seiner Schwester Caesaria mit einer unübersteigbaren Mauer und strengen Verboten, um jeden Außenkontakt zu meiden. Ausdrücklich untersagte er die Gewährung von Gastfreundschaft und Krankenpflege, Unterricht und Erziehung kleiner Mädchen, der Tauffeier; die Anfertigung von Handarbeiten für Empfänger außerhalb, desgleichen Briefe, Botschaften und Geschenke. Auch Verwandtschaft war ausgeschlossen. Caesarius, Oeuvres pour les moniales, [I–XVII], S. 180–206; [XXXVIII], S. 224; s. Nolte, Klosterleben, 268–71.
Wie aus der Vita Odiliae zu ersehen, galten diese Bestimmungen der Caesarius-Regel weder in Baume-les-Dames noch auf Hohenburg oder in Niedermünster. Sie wurden keineswegs im vollen Umfang befolgt im Hl.-Kreuz-Kloster zu Poitiers, obwohl die Stifterin, Königin Radegundis, nach 550 von Caesarius Weisung erbeten und eingeholt hatte: Gäbe, Radegundis, 14; Riché, Éducation, 338.
Nolte, a. a. O., 268, sieht in der Klausur »in erster Linie ein Mittel zur Bewahrung der durch die weibliche Schwäche gefährdeten Virginität.« Wemple, Women in Frankish Society, 154, weist hin auf die Schutzfunktion, die den Frauen Exemption von bischöflicher Leitung und wirtschaftliche Autonomie sicherte und keinen Vorwand zum Eingreifen Dritter erlaubte. Andererseits folgert Nicholson, Feminae gloriosae, 19, aus ihrem Quellenstudium für das germanisch-christliche 7. Jhdt: »It was no use enter a monastery to get away from men and doubtful whether anyone really wanted to. Men and women worked together in the secular world and proceeded to do likewise in the cloister. Nuns

staffed the nursery section, men were needed for rough work on monastic lands. ... Men might set up in all-male houses, but an isolated community of women only invited trouble in an age of violence and endemic warfare.«

20 Einmütigkeit — nicht demokratisches Mehrheitsrecht, so Hattenhauer, Das Recht der Heiligen, 124. Donats »Regula ad virgines« schärfte die Einmütigkeit im Miteinander des Klosterlebens besonders ein: bei der Wahl der Äbtissin (c. LXXVII, S. 297), auch bei den Aussprachen im Großen Rat (c. II, S. 275). Eine abweichende Meinung mußte »cum omni humilitatis subjectione« — also ohne verletzende Härte — vorgetragen werden.

21 Silbermann, Joh. Andreas, Beschreibung von Hohenburg oder dem Odilienberg samt umliegender Gegend, mit 20 Kupfern von Weiß. Lorenz und Schuler, S.39, Pl IX Nº1. Abb. S. 138.

22 Abb. Umschlag-Rückseite.

23 Abb. Titelbild.

24 J. W. v. Goethe, Dichtung u. Wahrheit, 3. Teil, II. Buch: »Einer mit hundert, ja tausend Gläubigen auf den Ottilienberg begangenen Wallfahrt denk ich noch immer gern. Hier, wo das Grundgemäuer eines römischen Kastells noch übrig, sollte sich in Ruinen und Steinritzen eine schöne Grafentochter, aus frommer Neigung, aufgehalten haben. Unfern der Kapelle, wo sich die Wanderer erbauen, zeigt man ihren Brunnen und erzählt gar manches Anmutige. Das Bild, das ich mir von ihr machte, und ihr Name prägte sich tief bei mir ein.« Goethe, Werke, Bd. 9, Autobiographische Schriften I, 497, »Hamburger Ausgabe«, Beck München 1978^{8}.
Es war der Pfingstmontag 1771: Lefftz, Sankt Odilien, 11.

25 Graus, Volk, Herrscher und Heiliger, 463–8: »Die Schönheit des Heiligen«, Beispiel für gängige Formeln und Nachweis, daß sie als reine *topoi* verwendet wurden. Reiter, Weltliche Lebensformen von Frauen, 212–3: »Stets gekoppelt mit Adligkeit ist die physische und seelische Schönheit, pulchritudo. Wer adlig ist, ist zugleich auch schön. Damit ist jedoch nicht so sehr das tatsächliche Aussehen gemeint, sondern vielmehr ein intakter und unversehrter Körper, der im Mittelalter Voraussetzung für Handlung- und Rechtsfähigkeit war. Physische Gebrechen und Krankheit galten als Strafe Gottes.«

26 Durchschnittsalter der erwachsenen Frauen: 44 bzw. 44,9 (der erwachsenen Männer 47 bzw. 48,8) Jahre, so Goetz, Leben im Mittelalter, 28, und Sasse, Demographisch-soziale Untersuchungen, 67. Die späteren Legenden übertreiben Odilias Alter. Gebwiler, St. Otilien, 56-7, vermutet das Todesjahr zwischen 752 und 766; der Freiburger Kapuziner fixiert es auf 760, das ergäbe beim angenommenen Geburtsdatum a. 657 (Peltre, La Vie, 11) eine Lebensdauer von 103 Jahren.

V

27 Wemple, Women in Frankish Society, 74, weist anhand zahlreicher Begebenheiten nach, daß — hoch oder nieder — merowingische Frauen ihre Chancen zu nutzen verstanden und mit Findigkeit und Tatkraft wesentlich beitrugen, eine neue Gesellschaft zu schaffen, »die weder germanisch war, noch römisch, sondern mittelalterlich.«

28 Thraede, Zwischen Eva und Maria, 134: gegenüber gesellschaftlichen Zwängen, welche die Frau auf ihre biologische Funktion festlegen, findet die Virgo einen Raum, sich selbst zu verwirklichen, Freiheit und Gleichheit zu erfahren. »Sie emanzipiert sich von den Eltern als Tochter der Mutter Kirche, vom Mann als Braut Christi.« Wemple, Women in Frankish Society, 19: »Christianity ... did offer women the opportunity to regard themselves as independent personalities rather than as someone else's daughter, wife or mother. It enabled women to develop self-esteem as spiritual beings who possessed the same potential for moral perfection as men.«

SIGEL

AA SS	*Acta Sanctorum* (Bollandisten).
MGH	*Monumenta Germaniae historica.*
SS	*Scriptores* (MGH SS rerum Merovingicarum).

HILFSMITTEL

Allgemeine Deutsche Biographie, Neudruck Duncker und Humboldt, Berlin 1971.

Deutsches Wörterbuch von JACOB und WILHELM GRIMM, Fotomechanischer Nachdruck der Erstausgabe 1854, Deutscher Taschenbuchverlag München 1971–84.

Enzyklopädie des Märchens / Handwörterbuch zur historischen und vergleichenden Erzählforschung, (Hg.) KURT RANKE, Göttingen, de Gruyter, Berlin – New York 1977–1990 (6 Bände).

Glossarium Mediae et Infimae Latinitatis, DU CANGE, L. FAVRE, Niort 1883–7 (8 Bände).

Handwörterbuch des deutschen Aberglaubens, (Hg.) BÄCHTOLD-STÄUBLIN, Berlin - Leipzig 1927–1942 (10 Bände).

Handwörterbuch zur deutschen Rechtsgeschichte, (Hg.), ERLER/KAUFMANN, SCHMIDT, Berlin 1971, 1. Bd.

Lateinisches etymologisches Wörterbuch, v. CARL WISSLER, neubearbeitet v. Hofmann, Walde/Hofmann, 1954[3] (2 Bände).

Lexikon des Mittelalters, Artemis, München – Zürich, Bd. I (1980), Bd. II (1983), Bd. III (1986), Bd. IV (1989).

Mediae Latinitatis Lexicon Minus, J. F. NIERMEYER (C. van de Kieft), Brill, Leiden 1976.

Mittellateinisches Glossar, (Hg.) EDWIN HABEL / FRIEDRICH GRÖBEL, Schöningh, Paderborn – München – Wien – Zürich 1989[2].

Orbis latinus / Lexikon lateinischer geographischer Namen des Mittelalters und der Neuzeit, Großausgabe 3 Bände, Klinkhardt und Biermann, Braunschweig 1972.

Orbis latinus / Lexikon lateinischer geographischer Namen des Mittelalters und der Neuzeit, GRAESSE – BENEDIKT – PLECHL, Großausgabe 3 Bände, Klinkhardt und Biermann, Braunschweig 1972.

Orbis latinus oder Verzeichnis der wichtigsten lateinischen Orts- und Ländernamen, Berlin 1909.

Propylaeum ad Acta Sanctorum Decembris, Bruxelles 1940.

QUELLEN

Editionen der Vita Odiliae

Vita Sanctae Odiliae Virginis et Abbatissae, ed. LUCAS D'ACHERY / JOANNES MABILLON in Acta Sanctorum Ordinis S. Benedicti, Saeculum Tertium Pars Secunda (Tomus IV), Venetiis 1734, S. 414–450.

La vie de Sainte Odile, ed. CHRETIEN PFISTER, in Analecta Bollandiana XIII (1894), S. 5 ff.

Vita Odiliae abbatissae Hohenburgensis, ed. W. LEVISON, SS rer Merov. VI, 24–50.

Legenden und frühere Beschreibungen des Odilienberges

GEBWILER, HIERONYMUS, *S. Otilien Fürstlichen herkommens / heiligen lebens und wandels Histori,* (Straßburg 1521); (HG.) SCHUTTENHEIMER, JOHAN, bei Martin Böckler, Freiburg i. Br. 1597.

PELTRE, HUGUES, *LA VIE DE SAINTE ODILE VIERGE PREMIERE ABBESSE DU MONASTERE D'HOHEMBOURG,* Michael Storck, Straßburg 1699.

Kurtz=verfaßter Lebens=Lauff / Der H. Jungfrauen Ottilien: Dann, / Wie die Wallfahrt / Zu Dero Kirchen / und / Wunderthätigen Brunnen / Bey / Freyburg im Breyßgau / nutzlich anzustellen. Beschrieben / Durch R. P. D. Capucineren / Im Jahr Christi 1720, Freiburg i. Br. bei Kerckenmayer Stadt=Buchdrucker 1758.

SCHOEPFLIN, *Johann Daniel, Alsatia illustrata t. I: Celtica Romana Francia, Colmariae ex typographia regiae MDCCLI: t. II: Germanica Gallica, MDCCLXI.*

Beschreibung von Hohenburg oder dem St. Odilienberg samt umliegender Gegend. Herausgegeben von Johann Andreas Silbermann mit 20. Kupfern von Weiß. Straßburg, b. Lorenz u. Schuler 1781.

(*Beschreibung von Hohenburg oder dem Sanct-Odilienberg sammt umliegender Gegend v. J. A. Silbermann / Neue Auflage besorgt v. A. W. Strobl, gedruckt bei G. Silbermann,* Straßburg 1835. Leider enthält diese Ausgabe keine Bilder.)

Chroniken

Chronicarum quae dicuntur Fredegarii Scholastici libri IV cum Continuationibus, ed. BRUNO KRUSCH, SS rer Merov. II, (1988) S. 1 ff.

Gregorii episcopi Turonensis libri historiarum X, ed. KRUSCH/LEVISON (HOLTZMANN), SS rer. Merov. I, (1951^2), S. 1 ff.

Gregorii ep. Turonensis Historiarum libri X, nach Kruschs Edition / Auf Grund der Übersetzung W. Giesebrechts neubearbeitet v. RUDOLF BUCHNER, Wissenschaftliche Buchgesellschaft Darmstadt, 1967.

Gregorii ep. Turonensis libri I–IV de virtutibus sancti Martini episcopi, ed. B. KRUSCH, SS rer Merov. I/2, (1885), S. 584 ff.

Liber historiae Francorum ed. *B.* KRUSCH, SS rer Merov. II, (1888), S. 215–328.

Heilige: Lebensbeschreibungen und Werke

Vita S. Aldegundis antiquissima auctore anonymo, ed. GHESQUIERE, AA SS Beg Belgii selecta, t. IV, S. 315 ff.

Vita S. Audoini episcopi Rotomagensis, ed. W. LEVISON, SS rer. Merov. V, S. 537 ff.

Vita S. Balthildis, ed. B. KRUSCH, SS rer. Merov. II, S. 475 ff.

La Règle de Saint Benoît, Introduction: A. DE VOGÜÉ, Texte: JEAN NEUFVILLE, Sources Chrétiennes No. 181. Série des Textes Monastiques d'Occident No. XXXIV, Les Editions du Cerf, Paris 1972.

Vita S. Berlendis virginis Merbeccae, ed. MIGNE, Patrologia Latina, t. 139, col. 1103 ff.

S. Caesarii episcopi Arelatensis Regula sanctarum virginum, in: Opera omnia, vol. 2, ed. G. MORIN, Maredsous 1942.

Césaire d'Arles, Oeuvres monastiques, Tome I: Oeuvres pour les moniales, Introduction: texte critique, traduction et notes par Adalbert de Vogüe / JOEL COURREAU, Sources Chrétiennes No. 345. Les Editions du Cerf 29, Paris 1988.

Vitae S. Columbani

Sancti Columbani opera, in: *Scriptores Latini Hiberniae,* vol. 11, ed. WALKER G. S. M., The Dublin Institut for Advanced Studies 1957.

Le Penitentiel de Saint Colomban, in: *Monumenta Christiana selecta IV,* Introduction et édition critique par JEAN LAPORTE, Desclée, Tournai - Paris - Rome - New York 1958.

Vitae Columbani abbatis discipulorum eius libri duo auctore Iona, ed. B. KRUSCH, SS rer. Merov. IV, (1902), S. 1 ff. *Liber I, Vita S. Columbani,* S. 64–108; *Liber II, Vita Eustasii,* c. 7–10, S. 119–30; *Liber II, Miracula Evoriacensia (= Vita Burgundofarae),* c. 11–22, S. 130–43.

JONAS DE BOBBIO, *Vie de saint Colomban et de ses disciples,* Introduction, traduction et notes par A. de Vogüe, *Vie monastique,* no. 19, Abbay de Bellefontaine 1988.

DONATUS VESONTIENENSIS *Regula ad virgines,* ed. MIGNE, Patrologia Latina t. 87, col. 271–98.

Vita S. Erhardi episcopi Bavarici auct. Paulo, ed. W. LEVISON, SS rer Merov. VI, S. 1 ff.

Vita S. Geretrudis / De virtutibus S. Geretrudis, ed. B. KRUSCH, SS rer. Merov. II, S. 447–474.

Vita S. Germani abbatis Grandivallensis auct. Boboleno prespytero, ed. B. KRUSCH, SS rer Merov. V, S. 25–40.

La vie ancienne de sainte Godelive de Ghistelles par Drogon de Bergues (1084), ed. M. COENS, Analecta Bollandiana XLIV (1926), S. 102 ff.

Vita S. Hildulfi prima, AA SS 11. Juli t. III, S. 211 ff.

Vita S. Leobae auct. Rudolfo Fuldensis, ed. WAITZ, MGH SS XV/1, S. 11.

Passiones Leudegarii episcopi et martyris Augustodunensis, ed. B. KRUSCH, SS rer. Merov. V (1910), S. 249 ff; Gesta et pass S. Leudegarii ep., S. 282 ff.

De vita sanctae Radegundis libri duo, ed. B. KRUSCH, SS rer. Merov. II, (1987), S. 358–95.

Vita S. Rictrudis abbatissae Marcianensis auct. Hucbaldo, ed. MIGNE, Patrologia Latinia, t. 132, col. 827 ff.

Vita S. Rusticulae sive Marciae abbatissae Arelatensis, ed. B. KRUSCH, SS rer. Merov. IV, S. 337–51.

Vita S. Sadalbergae abbatissae Laudunensis, ed. B. KRUSCH, SS rer. Merov. V, S. 40–66.

Passio S. Sigismundi regis, ed. B. KRUSCH, SS rer. Merov. II, S. 329 ff.

Regesten

BRACKMANN, ALBERT (HG.), *Germania Pontificia,* vol. III pars III, (*Regesta Pontificum Romanorum),* ed. PAUL FRIDOLIN KEHR), Berlin 1935.

BRUCKNER, ALBERT (HG.), *Regesta Alsatiae aevi Merovingici et Karolini 496–918,* I. Quellenband, Strasbourg – Zürich 1949.

LITERATUR

AFFELD, WERNER (HG.), *Frauen in Spätantike und Frühmittelalter: Lebensbedingungen — Lebensnormen — Lebensformen*, Thorbecke, Sigmaringen 1990.

AFFELDT, WERNER / REITER, SABINE, *Die Historiae Greogors v. Tours als Quelle für die Lebenssituation von Frauen im Frankenreich des sechsten Jahrhunderts*, in: AFFELDT, WERNER / KUHN, ANNETTE (HG.), Frauen in der Geschichte VII, Interdisziplinäre Studien zur Geschichte der Frauen im Frühmittelalter. Methoden — Probleme — Ergebnisse, Geschichtsdidaktische Studien und Materialien 39, Schwann, Düsseldorf 1986.

AIGRAIN, RENÉ, *L'Hagiographie / Ses Sources – Ses Méthodes – Son Histoire*, Bloud et Gay, Paris 1953.

ANGENENDT, ARNOLD, *Das Frühmittelalter / Die abendländische Christenheit von 400 bis 900*, Kohlhammer, Stuttgart; Berlin; Köln 1990.

ANGENENDT, ARNOLD, *Die irische Peregrenatio und ihre Auswirkungen auf dem Kontinent vor dem Jahre 800*, in: LÖWE, HEINZ (HG.), Die Iren und Europa im frühen Mittelalter, Klett-Cotta, Stuttgart 1982, Teilband 1. S. 52–79.

ARBUSOW, LEONID, *Colores Rhetorici. Eine Auswahl rhetorischer Figuren und Gemeinplätze als Hilfsmittel für akademische Übungen an mittelalterlichen Texten*, Göttingen 1948.

ARIÈS, PHILIPPE, *Geschichte des Todes*, übers. Hauser – Anthropologie, München – Wien 1980.

ARNOLD, PAUL, *Histoire secrète d'Alsace*, Albin Michel, Paris 1979.

BACH, ADOLF, *Deutsche Namenkunde Bd. I, 1: Die deutschen Personennamen*, Carl Winter, Universitätsverlag Heidelberg 1952[2].

BARROW, GEOFFREY W. S., *Das mittelalterliche englische und schottische Königtum. Ein Vergleich*, Historisches Jahrbuch 102, Jahrg. 1982, Verlag Karl Alber, Freiburg – München 1982, S. 135–143.

BARTH, MEDARD, *Die Heilige Odilia / Ihr Kult in Volk und Kirche*, 2 Bände, Gesellschaft für Elsässische Kirchengeschichte, Straßburg 1938.

BARTH, MEDARD, *Influence de Ste. Odile et de sa famille sur la civilisation de l'Occident*, Echos des Sanctuaires de Sainte Odile 720–1920, Publication de l'Institute St. Leon IX, Strasbourg 1920, (II) S. 27 ff; (III) S. 43 ff; (V) S. 76 ff.

BARTH, MEDARD, *Die Legende und Verehrung der hl. Attala*, Archiv für elsässische Kirchengeschichte 2 (1927); S. 89–198.

BECHER, URSULA / RÜSEN, JÖRN (HG.), *Weiblichkeit in geschichtlicher Perspektive / Fallstudien und Reflexionen zu Grundproblemen der historischen Frauenforschung*, Suhrkamp-Taschenbuch Wissenschaft 1988.

BEIT, HEDWIG VON, *Symbolik des Märchens / Versuch einer Deutung*, Francke, Bern 1986[7].

BERGMANN, ROSEMARIE, *Sicut lilium inter spinas: Pflanzen als Symbolträger*, in WAPNEWSKI, PETER (HG.), *Mittelalter-Rezeption / Ein Symposion*, Metzler, Stuttgart 1986, S. 450–72.

BERNOULLI, C. A., *Die Heiligen der Merowinger*, Tübingen 1900.

BERSCHIN, WALTER, *Biographie und Epochenstil im lateinischen Mittelalter / Quellen u. Untersuchungen zur lateinischen Philologie des Mittelalters*, Bd. 8 u. 9, Stuttgart, Bd. I 1986; Bd. II 1988.

BOLGER, TH., *Geistliche Mutterschaft / Die heiligen deutschen Äbtissinnen*, Heiliges Reich 7, Paderborn 1935.

BORN, LUDOVIC, *Sainte Odile*, Editions, Alsatia, Paris 1942.

BORST, ARNO, *Barbaren, Ketzer und Artisten / Welten des Mittelalters*, Piper, München – Zürich Neuausgabe 1990.

BORST, ARNO, *Lebensformen im Mittelalter*, Propyläen Verl., Frankfurt a. M. 1973.

BORST, ARNO, *Mönche am Bodensee 610–1525*, Thorbecke, Sigmaringen 1978.

BRENNAN, CLARKE AND MARY (HG.), *Columbanus and Merovingian Monasticism*, B A R International Series 113, Oxford 1981.

BROMMER, HERMANN, *Wallfahrten im Erzbistum Freiburg*, Schnell & Steiner, München – Zürich 1990.

BÜTTNER, HEINRICH, *Geschichte des Elsaß / I. Politische Geschichte des Landes von der Landnahmezeit bis zum Tode Ottos III.*, Berlin 1939.

BÜTTNER, HEINRICH, *Studien zur Geschichte des Stiftes Hohenburg im Elsaß während des Hochmittelalters*, Zeitschrift f. d. Geschichte des Oberrheins 91, Neue Folge 52, Karlsruhe 1939, S. 103–138.

BURG, ANDRÉ-MARCEL, *Le duché d'Alsace au temps de sainte Odile*, la pensée universelle, Paris 1987.

BURG, ANDRÉ-MARCEL, *Das elsässische Herzogtum / Ein Überblick*, Zeitschrift f. d. Geschichte des Oberrheins 117, (Der neuen Folge 78. Band), Karlsruhe 1969.

BURG, ANDRÉ-MARCEL, *Histoire de l'église d'Alsace*, Colmar 1945.

BURG, ANDRÉ-MARCEL, *Quelle Règle Sainte Odile Introduisit-Elle à Hohenbourg?* Archives de l'Eglise d'Alsace, t 7 nouvelle série, t 23 de la série complète, Strasbourg – Paris 1956, S. 123–4.

CLAUSS JOSEPH, *Die Heiligen des Elsaß in ihrem Leben, ihrer Verehrung und ihrer Darstellung in der Kunst*, Düsseldorf 1935.

CLAUSS, JOSEPH, *Sancta Odilia / Der Odilienberg und die hl. Odilia in Wort und Bild. Zum 1200jährigen Jubiläum der Heiligen*, Karlsruhe 1922.

CHRISTEN, AUG., *Der Odilienberg und seine Heilige*, Straßburg – Paris 1957.

CHRISTEN, AUG., *Sankt Odilien / Der heilige Berg des Elsass*, Colmar 1975, Colmar 1984.

CURTIUS, ERNST ROBERT, *Europäische Literatur und lateinisches Mittelalter*, Bern – München 1967[6].

DANNHEIMER, HERMANN u. DOPSCH, HEINZ (HG.), *Die Bajuwaren. Von Severin bis Tassilo 488–788*, Gemeinsame Landesausstellung des Freistaates Bayern und des Landes Salzburg, Rosenheim – Bayern / Mattsee – Salzburg, Freistaat Bayern / Land Salzburg 1988.

DANIEL-ROPS, A. CHRISTEN, L. HAERINGER, *Le Mont Sainte-Odile*, Strasbourg – Paris 1957.

DELEHAYE, HIPPOLYTE, *Les Légendes Hagiographiques*, Subsidia Hagiographica nº 18 a, Bruxelles 1905[1], 1955[4].

DEMYTTENAERE, ALBERT, *The Cleric, Women and the Stain. Some beliefs and ritual practices concerning women in the early Middle Ages*, in: AFFELDT, Frauen in Spätantike und Mittelalter, S. 141–65.

DOLLINGER, PHILIPPE, *L'Alsace au haut moyen age*, Edition Mars et Mercure, Wettolsheim 1976.

DUBOIS, MARGUERITE-MARIE, *Saint Colomban / un pionnier de la civilisation occidentale*, Editions Alsatia, Paris 1950.

EBERL, IMMO, *Das Iren-Kloster Honau und seine Regel* in: LÖWE, Die Iren und Europa, Teilbd. 1, S. 219–38.

ELIADE, MIRCEA, *Mythen, Träume und Mysterien*, Müller, Salzburg 1961.

ELIADE, MIRCEA, *Mythos und Wirklichkeit*, Insel, Frankfurt a. M. 1988.

ELIADE, MIRCEA, *Die Prüfung des Labyrinths*, Insel, Frankfurt a. M. 1987.

ELIADE, MIRCEA, *Die Religionen und das Heilige*, Müller, Salzburg 1954.

ENNEN, EDITH, *Frauen im Mittelalter*, Beck, München 1984.

ESER, ALBIN, *Der Umgang mit Sterben und Leben / Medizinische, rechtliche und ethische Fragen zur Euthanasie*, Herder Korrespondenz 11, Fr. i. Br. Nov. 1989.

EWIG, EUGEN, *Die fränkischen Teilungen und Teilreiche (511–613)*, Akademie der Wissenschaften und der Literatur / Abhandlungen der geistes- und sozialwissenschaftlichen Klasse Jahrg. 1952, Nr. 9, Wiesbaden 1953.

EWIG, EUGEN, *Die Merowinger und das Frankenreich*, Kohlhammer, Stuttgart - Berlin - Köln - Mainz 1988 (Urban-Taschenbücher Bd. 392).

EWIG, EUGEN, *Spätantikes und Fränkisches Gallien* / Gesammelte Schriften (1952–1973) Hartmut Atsma (Hg), Erster Band, Artemis, Zürich – München 1976 (Beihefte der Francia Bd. 3/1).

EWIG, EUGEN, *Studien zur merowingischen Dynastie*, Jahrbuch des Instituts für Frühmittelalterforschung, 8. Band 1974, (Hg.) Karl Hauck, de Gruyter, Berlin – New York 1974.

FOLZ, ROBERT, *Remiremont dans le mouvement colombanien*, in: PARISSE, M., Remiremont, S. 15–27.

FRANK, KARL SUSO, *Geschichte des christlichen Mönchtums*, Wissenschaftliche Buchgesellschaft, Darmstadt 1983[4], textidentisch 1988.

FUHRMANN, HORST, *Neues zur Biographie des Ulrich von Zell*, in: Person und Gemeinschaft im Mittelalter / Karl Schmid zum 65. Geburtstag, (Hg.) Gerd Althoff, Sigmaringen 1988.

GÄBE, SABINE, *Radegundis: sancta, regina, ancilla. Zum Heiligkeitsideal der Radegundisviten von Forunat und Baudonivia*, Francia 6/1 (Forschungen zur westeuropäischen Geschichte), Thorbecke, Sigmaringen 1989, S. 1–30.

GOETZ, HANS WERNER, *Leben im Mittelalter vom 7. bis zum 13. Jahrhundert*, Beck, München 1986.

GOUGAUD, LOUIS, *Christianity in Celtic Lands / A History of the Churches of the Celts, their origin, their development, influence, and mutual relations*, Sheed and Ward, London 1932.

GOUGAUD, LOUIS, *Le culte de sainte Brigide de Kildare dans l'Europe continentale*, Archiv f. elsässische Kirchengeschichte 11. Jahrg., Herder, Freiburg i. Br. 1936, S. 43–56.

GRAUS, FRANTIŠEK, *Sozialgeschichtliche Aspekte der Hagiographie der Merowinger- u. Karolingerzeit. Die Viten der Heiligen des südalemannischen Raumes*, Vorträge und Forschungen 20, Sigmaringen, 1974, S. 131–176.

GRAUS, FRANTIŠEK, *Volk, Herrscher und Heiliger im Reich der Merowinger / Studien zur Hagiographie der Merowingerzeit*, Prag 1965.

GRÖNBECH, *Kultur und Religion der Germanen*, 2 Bände, Darmstadt 1954[5].

GRUPE, GISELA, *Die ›Ressource Frau‹ — Aussagemöglichkeiten der Biowissenschaften*, in: AFFELDT (HG), Frauen in Spätantike und Frühmittelalter, S. 105–114.

GÜNTER, HEINRICH, *Hagiographie und Wissenschaft*, Historisches Jahrbuch 62–9/I, Köln 1949, S. 43 ff.

GÜNTER, HEINRICH, *Legenden-Studien*, Köln 1906.

GÜNTER, HEINRICH, *Psychologie der Legende*, Freiburg i. Br. 1949.

GUGGENBERGER, BERND, *Die neue Mehrheit der Lebenden / Oder: Der trügerische Triumph des Jetzt*, in »Bilder u. Zeiten«, Frankfurter Allgemeine Zeitung, Sa., 27. 1. 1990.

GUILLAUME, JEAN-MARIE, *Les abbayes des femmes en pays franc, des origines à la fin du VIIe siècle*, in PARISSE, MICHEL (HG.), *Remiremont / l'abbaye et la ville*, S. 29–46.

HASDENTEUFEL, M., *Das Salzburger Erentrudis-Kloster u. die Agilolfinger*, Mitteilungen des österreichischen Instituts f. Geschichtswissenschaft 93 (1985), S. 1–29.

HATTENHAUER, HANS, *Das Recht der Heiligen*, Schriften zur Rechtsgeschichte, Berlin 1976.

HEIDEBRECHT, PETRA / NOLTE, CORDULA, *Leben im Kloster: Nonnen und Kanonissen. Geistliche Lebensformen im frühen Mittelalter*, in: BECHER/RÜSEN (HG.), Weiblichkeit in geschichtlicher Perspektive, S. 79–115.

HEINZELMANN, MARTIN, *Bischofsherrschaft in Gallien. Zur Kontinuität römischer Führungsschichten*, Beihefte der Francia Bd. 5, Artemis, Zürich - München 1976.

HEINZELMANN, MARTIN, *Neue Aspekte der biographischen und hagiographischen Literatur in der lateinischen Welt (1.–6. Jahrhundert)*, Francia 1 (Forschungen zur westeuropäischen Geschichte), Artemis, Zürich - München 1973, S. 27–44.

HEINZELMANN, MARTIN, *Sanctitas und »Tugendadel«. Zu Konzeptionen von »Heiligkeit« im 5. und 10. Jahrhundert*, Francia 5, 1977, S. 740–52.

HERRMANN, BERND/GRUPE, GISELA, *I. Empirische Grundlagen zur Rekonstruktion von Lebensbedingungen der Frauen im Mittelalter*, in: AFFELDT/KUHN, Frauen in der Geschichte VII, S. 44–52.

HILL, ROSALIND M. T., *Festschrift für, Mediaeval Women*, ed. Derek Baker, Studies in Church History / Subsidia I, Blackwell, Oxford 1978.

HILPISCH, STEPHANUS OSB, *Die Doppelklöster / Entstehung und Organisation*, Beiträge zur Geschichte des alten Mönchtums und des Benediktinerordens, Heft 15, Münster in Westf. 1928.

HLAWITSCHKA, EDUARD, *Die Anfänge des Hauses Habsburg-Lothringen / Genealogische Untersuchungen zur Geschichte Lothringens und des Reiches im 9., 10. und 11. Jahrhundert*, Veröffentlichungen der Kommission für saarländische Landesgeschichte und Volksforschung, Saarbrücken 1969.

HORNING, FR. TH., *Odilia »Gottessonne« die erste evangelische Äbtissin und fürstliche Diakonissin (8. Jhdt.) im Elsaß*, Elsässische Frauenbilder 5, Straßburg 1913.

HÜLSMANN, RUDOLF, *Die Verehrung der hl. Ottilia in der Erzdiözese Freiburg unter besonderer Berücksichtigung der Wallfahrt nach St. Ottilien bei Freiburg*, ungedruckte Diplomarbeit b. Prof. Wolfgang Müller, Freiburg i. Br. 1974.

IDOUX, M. C., *L'Enfance et la Baptême de Sainte Odile à Etival*, Bulletin de la Societé philomatique Vosgiennne 1910/11, Saint Dié 1911.

JAMES, EDWARD, *Archeology and the Merovingian monastery*, in: BRENNAN (HG.), Columbanus and Merovingian Monasticism, S. 33–55.

JARITZ, GERHARD, *Zwischen Augenblick und Ewigkeit: Einführung in die Alltagsgeschichte des Mittelalters*, Bohlau, Wien - Köln 1989.

JÜNGER, ERNST, *Die Schere*, Klett-Cotta, 1990.

JUNG/KERENYI, *Einführung in das Wesen der Mythologie / Das göttliche Kind. Das göttliche Mädchen*, Zürich 1951.

KAMMEIER-NEBEL, ANDREA, *Empfängnisverhütung, Abtreibung, Kindestötung und Aussetzung im frühen Mittelalter*, in: AFFELDT/KUHN, Frauen in der Geschichte VII, S. 136–51.

KETSCH, PETER, *Aspekte der rechtlichen und politisch-gesellschaftlichen Situation von Frauen im frühen Mittelalter (500–1150)*, in: KUHN/RÜSEN (HG.), Frauen in der Geschichte II, S. 11–71.

KETSCH, PETER, *Frauen im Mittelalter*, Bd. 1: *Frauenarbeit im Mittelalter*, Quellen u. Materialien, (HG.) KUHN, ANNETTE, Düsseldorf 1983.

KETSCH, PETER, *Frauen im Mittelalter*, Bd. 2: *Frauenbild und Frauenrechte in Kirche u. Gesellschaft*, Bd. 2, Quellen u. Materialien, (HG.) KUHN, ANNETTE, Düsseldorf 1984.

KIRSHNER, JULIUS/WEMPLE SUZANNE (HG.), *Women of the Medieval World / Essays in Honor of John H. Mundy*, Blackwell, Oxford – New York 1985.

KOLLER, HEINRICH, *Die Iren und die Christianisierung der Bayern*, in: LÖWE (HG.), Die Iren und Europa, Teilbd. 1, S. 342–89.

KOSCHWITZ, GISELA, *Der heilige Bischof Erhard von Regensburg*, Studien und Mitteilungen zur Geschichte des Benediktiner-Ordens und seine Zweige, Bd. 86, Ottobeuren 1975, S. 481–644.

KOTTJE, RAYMUND, *Überlieferung und Rezeption der irischen Bußbücher auf dem Kontinent*, in: LÖWE (HG.), Die Iren und Europa, Teilbd. 1, S. 511–23.

KRETZENBACHER, LEOPOLD, *Versöhnung im Jenseits / Zur Widerspiegelung des Apokatastasis-Denkens in Glaube, Hochdichtung und Legende*, Bayerische Akademie der Wissenschaften München, Philosophisch-Historische Klasse, Jahrg. 1971, Heft 7.

KRISS-RETTENBECK/MOHLER (HG.), *Bayerisches Nationalmuseum »Wallfahrt kennt keine Grenzen«*, Schnell & Steiner, München – Zürich 1984.

KRÜGER, ELKE, *Überlegungen zum Quellenwert der irischen Bußbücher für Historische Frauenforschung*, in: AFFELDT/KUHN, Frauen in der Geschichte VII, S. 154–70.

KRUSCH, B., *Kulturbilder aus dem Frankenreiche zur Zeit Gregors v. Tours († 594). Ein Beitrag zur Geschichte des Aberglaubens*, Sitzungsberichte der Preuss. Akademie der Wissenschaften, Philosophisch-hist. Kl. XXVI (1934), S. 785 ff.

KÜNSTLE, K., *Ikonographie der Heiligen*, Freiburg i. Br. (o. J.)

LANGENBECK, FR., *Probleme der elsässischen Geschichte in fränkischer Zeit*, Alemannisches Jahrbuch 1957, S. 1–133.

LAUSBERG, HEINRICH, *Elemente der literarischen Rhetorik*, Hueber, München 1979⁶.

LEFFTZ, JOSEPH, *Sankt Odilien / Der heilige Berg des Elsass*, Edition du Mont Sainte-Odile, 1973.

Legendenlieder aus mündlicher Überlieferung / Authentische Tonaufnahmen 1953–71 von Johannes Künzig u. Waltraut Werner. Herausgegeben in Zusammenarbeit mit Hartmut Braun u. Dietz-Rüdiger Moser.

LE GOFF, JACQUES (HG.), *Der Mensch des Mittelalters*, Ed. de la Maison des Sciences de l'Homme 1989, Campus, Frankfurt a. M. – New York.

LE GOFF, J., *La naissance du Purgatoire*, Bibliothèque des Histoires, Gallinard 1981.

LE GOFF-REMONT, *Histoire de la France relgieuse*, t1, Seuil, Paris 1988.

LEGROS, JACQUES, *Le Mont Sainte-Odile / une énigme*, Editions S.O.S., Paris 1974.

LEVILLAIN, LÉON, *L'Alsace et les origines lointaines de la Maison de France*, Revue d'Alsace 87, 1947.

LEVISON, WILHELM, *England and the Continent in the 8th Century*, The Ford Lectures, Oxford 1946.

LEVISON, WILHELM, *Die Iren und die fränkische Kirche*, in: PRINZ (HG.), Mönchtum und Gesellschaft im Frühmittelalter, Wissenschaftliche Buchgesellschaft Darmstadt, 1976, S. 91–111.

LINDGREN, UTA, *Wege der historischen Frauenforschung*, Historisches Jahrbuch 109, Jahrg. 1989, Karl Alber, Freiburg – München, S. 211–9.

LÖWE, HEINZ (HG.), *Die Iren und Europa im frühen Mittelalter*, 2 Bände, Klett-Cotta, Stuttgart 1982.

LOUIS, GÉRARD (HG.), *Remiremont / Histoire de la Ville et de son Abbaye*, Editions Gérard Louis, Vagney 1985.

LOTTER, FRIEDRICH, *Methodisches zur Gewinnung historischer Erkenntnisse aus hagiographischen Quellen*, Historische Zeitschrift 229 (1979), S. 298–356.

LOTTER, FRIEDRICH, *Severinus v. Noricum, Legende und historische Wirklichkeit. Untersuchungen zur Phase des Übergangs von spätantiken zu mittelalterlichen Denk- und Lebensformen*, Monographien zur Geschichte des Mittelalters Bd. 12, Stuttgart 1976.

LÜTHI, MAX, *Märchen*, Stuttgart 1976[6].

LÜTHI, MAX, *Volksliteratur und Hochliteratur / Menschenbild – Thematik – Formstreben*, Bern – München 1970.

LÜTHI, MAX, *Das Volksmärchen als Dichtung / Ästhetik und Anthropologie*, Diederichs, Düsseldorf – Köln 1975.

MACNAMARA, JO ANN, *A Legacy of Miracles: Hagiography and Nunneries in Merovingian Gaul*, in: KIRSHNER/WEMPLE, Women of the Medieval World, S. 36–52.

MANTZ, FRANCIS, *Le Mur Païen du Mont Sainte-Odile*, Editions des Dernières Nouvelles d'Alsace, Strasbourg 1986.

MARTIN, MAX, *Bemerkungen zur Ausstattung der Frauengräber und zur Interpretation der Doppelgräber und Nachbestattungen im frühen Mittelalter*, in: AFFELDT, Frauen in Spätantike u. Frühmittelalter, S. 89–103.

MAURER, THEODOR, *Die elsässischen Sagen I*, Straßburg 1943.

MEINHOLD, URSULA, *Columban von Luxeuil im Frankenreich*, Diss. Marburg/Lahn 1981.

NELSON, JANET L. *Queens as Jezebels: the careers of Brunhild and Balthild in Merovingian history*, in Festschrift für Rosalind M. T. Hill, *Mediaeval Women*, S. 31–77.

NICHOLSON, JOAN, *Feminae gloriosae: women in the age of Bede*, in Festschrift für Rosalind M. T. Hill, *Mediaeval Women*, S. 15–29.

NOLTE, CORDULA, *Klosterleben von Frauen in der frühen Merowingerzeit / Überlegungen zur Regula ad virgines des Caesarius von Arles*, in: AFFELDT/KUHN, Frauen in der Geschichte VII, S. 272–94.

NONN, ULRICH, *Erminethrud – eine vornehme neustrische Dame um 700*, Historisches Jahrbuch 102, Jahrg. 1982, S. 135–43.

PADBERG, LUTZ VON, *Heilige und Familie*, Diss. Münster 1980.

PARISSE MICHEL, *Les nonnes au Moyen Age*, Le Puy, 1983.

PARISSE, MICHEL (HG.), *Remiremont / l'abbaye et la ville*, Actes des journées d'études vosgiennes, Remiremont 17–20 avril 1980, Service des Publications de l'Université de Nancy II, Nancy 1980.

PATZE, HANS (HG.), *Schwaben und Schweiz im frühen und hohen Mittelalter*, Gesammelte Aufsätze v. Heinrich Büttner, Thorbecke, Sigmaringen 1972.

PÉTRY, FRANÇOIS / WILL, ROBERT, *Le Mont Sainte-Odile*, Guides Archéologiques de la France, Imprimerie Nationale 1988.

PFISTER CHRISTIAN, *Le Duché mérovingien d'Alsace et la légende de sainte Odile, suivis d'une étude sur les anciens monuments du Sainte-Odile*, Paris – Nancy 1892.

PFISTER, CHRISTIAN, *La Légende de Sainte Odile*, Pages Alsaciennes, Strasbourg 1927, S. 87–119.

PFISTER, CHRISTIAN, *Elsässische Lektüren / Geographie – Geschichte – Biographien*, Paris 1918.

PFLEGER, ALFRED, *Roches sacrées. Survivances du culte des pierres en Alsace*, Revue d'Alsace, t. 93, Delle – Strasbourg – Colmar 1954, S. 77–104.

PICARD, JEAN-MICHEL, *The Marvellous in Irish and Continental Saints' Lives of the Merovingian Period*, in: BRENNAN, Columbanus and Merovingian Monasticism, S. 91–103.

Portmann, Marie-Louise, *Die Darstellung der Frau in der Geschichtsschreibung des frühen Mittelalters,* Diss. Basel 1958, auch in: Basler Beiträge zur Geschichtswissenschaft 69 (1958).

Prinz, Friedrich, *Columbanus, the Frankish Nobility and the Territories East of the Rhine,* in: Brennan (Hg.), Columbanus and Merovingian Monasticism, S. 73–87.

Prinz, Friedrich, *Frühes Mönchtum im Frankenreich / Kultur u. Gesellschaft in Gallien, den Rheinlanden und Bayern am Beispiel der monastischen Entwicklung v. 4.–8. Jahrhundert,* Darmstadt 1988[2].

Prinz, Friedrich, *Heiligenkult und Adelsherrschaft im Spiegel merowingischer Hagiographie,* Historische Zeitschrift 204, (Hg.) Schieder/Kienast, Oldenbourg, München (1967), S. 529–544.

Prinz, Friedrich, *Die Rolle der Iren beim Aufbau der merowingischen Klosterkultur,* in: Löwe (Hg.), Die Iren und Europa, Teilbd. 1, S. 202–218.

Reiter, Sabine, *Weltliche Lebensformen von Frauen im 10. Jahrhundert / Das Zeugnis der erzählenden Quellen,* in: Affeldt/Kuhn, Frauen in der Geschichte VII, S. 209–26.

Renner, P. Frumentius OSB, *St. Ottilien – sein Werden und Wirken,* EOS, St. Ottilien 1985[4].

Riché, Pierre, *Columbanus, his Followers and the Merovingian Church,* in: Brennan (Hg.), Columbanus and Merovingian Monasticism, S. 59–72.

Riché, Pierre, *Education et Culture dans l'Occident Barbare (VI*[e]*–VIII*[e] *Siècles),* Patristica Sorbonensia 4, Editions du Seuil, Paris 1962.

Riché, Pierre, *Note d'Hagiographie Mérovingienne. La Vita S. Rusticulae,* Analecta Bollandiana LXXII, Bruxelles 1954, S. 369–77.

Riffenach, Carmen / Allemann, Fabienne, *Odile d'Alsace,* Editions de la Nuée Bleue, Strasbourg 1985.

Röhrich, Lutz, *Erzählforschung,* in: Brednich (Hg.), Grundriß der Volkskunde. Einführung in die Forschungsfelder der Europäischen Ethnologie, Ethnologische Paperbacks, Berlin 1988, S. 353 ff.

Röhrich, Lutz, *Märchen – Mythos – Sage,* Sonderdruck aus Band 6 der Veröffentlichungen der Europäischen Märchengesellschaft, (Hg.) Wolfdietrich Siegmund, Erich-Röth-Verlag, Kassel.

Röhrich, Lutz, *Märchen und Wirklichkeit,* Wissenschaftliche Paperbacks Germanistik, Steiner, Wiesbaden 1979[4].

Röhrich, Lutz (Hg.), *Probleme der Sagenforschung,* Forschungsstelle Sage (Deutsche Forschungsgemeinschaft), Freiburg i. Br. 1973.

Röhrich, Lutz, *Sage und Märchen / Erzählforschung heute,* Herder, Freiburg i. Br. – Basel – Wien 1976.

RYAN, JOHN, *Irish Monasticism, its Origins and Early Development*, The Talbot Press, Dublin and Cork 1931, Reprint Shannon 1971.

SALIN, ÉDOUARD, *La Civilisation Mérovingienne*, 4 Bände, Paris 1949/1952/1957/1959.

SASSE, BARBARA, *Demographisch-soziale Untersuchungen an frühmittelalterlichen Frauengräbern im Bereich der Reihengräberzivilisation*, in: AFFELDT/KUHN, Frauen in der Geschichte VII, S. 56–87.

SCHÄFERDIEK, KNUT, *Columbans Wirken im Frankenreich (591–612)*, in: LÖWE (HG.), Die Iren und Europa, Teilbd. 1, S. 171–201.

SCHENKER, LUKAS, *Der heilige Germanus, Abt des Klosters Münster-Granfelden*, Studien u. Mitteilungen zur Geschichte des Benediktiner-Ordens und seiner Zweige, Bd. 86, Ottobeuren 1975, S. 662–73.

SCHMITZ, PHILIBERT OSB, *Geschichte des Benediktinerordens, 1. Band: Ausbreitung und Verfassungsgeschichte des Ordens von seiner Gründung bis zum 12. Jahrhundert*, Ins Deutsche übertragen und herausgegeben von Ludwig Räber OSB, Benzinger, Einsiedeln – Zürich 1947.

SEPET, MARIUS, *Observations sur la Légende de Sainte Odile*, Paris 1902.

SHAHAR, SHULAMITH, *Childhood in the Middle Ages*, Routledge, London – New York 1990.

SHAHAR, SHULAMITH, *Die Frau im Mittelalter*, (übersetzt von Ruth Achlama), Athenäum, Königstein/Taunus 1981.

SPRANDEL, ROLF, *Der merovingische Adel und die Gebiete östlich des Rheins*, Forschungen zur oberrheinischen Landesgeschichte V, Freiburg i. Br. 1957.

STAFFORD, PAULINE, *Sons and mothers: familiy politics in the early middle ages*, in Festschrift für Rosalind M. T. Hill, *Mediaeval Women*, S. 79–100.

STAUB-GRANDMOUGIN, *Sainte Odile d'Alsace*, Strasbourg 1934.

STEIDLE, BASILIUS OSB, *Die Regel des heiligen Benedikt*, (eingeleitet und übersetzt), Beuron, 1980[12].

STOECKLE, MARIA, *Studien über Ideale in Frauenviten des VII.–X. Jahrhunderts*, Diss. München 1957.

STROHEKER, KARL FRIEDRICH, *Der senatorische Adel im spätantiken Gallien*, Alma Mater Verlag, Tübingen 1948.

THRAEDE, KLAUS, *Zwischen Eva und Maria: das Bild der Frau bei Ambrosius und Augustin auf dem Hintergrund der Zeit*, in: AFFELDT, Frauen in Spätantike und Frühmittelalter, S. 129–39.

TRÜB, C. L. PAUL, *Heilige und Krankheit*, Geschichte und Gesellschaft, Bochumer Historische Studien Bd. 19, Klett-Cotta, Stuttgart 1978.

TSCHUDI/SIRCH, *Die heilige Ottilie / ihr Leben und ihre Verehrung*, EOS, St. Ottilien 1989.

UEDING, GERT, *Einführung in die Rhetorik / Geschichte – Technik – Methode*, Metzler, Stuttgart 1976.

UEDING, L., *Geschichte der Klostergründungen der frühen Merowingerzeit*, Historische Studien 261, Berlin 1935.

UHRY, GEORGES J., *le mont-sainte-Odile au moyen age*, Libraire Istra, Strasbourg 1967.

VAN DER MEER, FRITS/BARTELINK, GÉRARD, *Gregor der Große / Leben des Benedictus*, Reihe: Gottsucher – Charismatiker – Mystiker, EOS, St. Ottilien 1980.

VERDON, JEAN, *Les femmes laïques en Gaule au temps des Mérovingiens. Les réalités de la vie quotidienne*, in: AFFELDT (HG.), Frauen in Spätantike und Frühmittelalter, S. 139–261.

VOGT, HERMANN J., *Zur Spiritualität des frühen irischen Mönchtums*, in: LÖWE (HG.), Die Iren und Europa, Teilbd. 1, S. 26–52.

DE VOGÜE, ADALBERT, *Jonas de Bobbio, Vie de Saint Colomban et de ses disciples, Introduction, traducion et notes*, Vie monastique, nº 19, Abbaye de Bellefontaine 1988.

VOLLMER, FRANZ, *Die Etichonen / Ein Beitrag zur Kontinuität früher Adelsfamilien*, Forschungen zur oberrheinischen Landesgeschichte, (Hg.) G. Tellenbach, Freiburg i. Br. 1957, S. 137–84.

VON DEN STEINEN, W., *Heilige als Hagiographen*, Historische Zeitschrift 143 (1931), S. 229 ff.

WALTER, JOSEF, *Sainte Odile d'Alsace / Sa Montagne, Ses Monuments, Son Iconographie*, Edtion du Mont Sainte Odile, Strasbourg 1927.

WATTENBACH/HOLTZMANN, *Deutschlands Geschichtsquellen im Mittelalter. Deutsche Kaiserzeit I/2*, Berlin 1942².

WATTENBACH/LEVISON, *Deutschlands Geschichtsquellen im Mittelalter, I: Die Vorzeit. Von den Anfängen bis zur Herrschaft der Karolinger*, Weimar 1952.

WEBER, KATHARINA, *Kulturgeschichtliche Probleme der Merovingerzeit im Spiegel frühmittelalterlicher Heiligenleben*, Studien u. Mitteilungen zur Geschichte des Benediktiner-Ordens und seiner Zweige, 48, München 1930, S. 347–403.

WEHRMEISTER, P. CYRILLUS OSB, *Die heilige Ottilia. Ihre Legende und ihre Verehrung*, St. Ottilien 1902.

WEIDEMANN, MARG., *Kulturgeschichte der Merowingerzeit nach den Werken Gregors von Tours*, Teil 1, 2, Verlag des Römisch-Germanischen Zentralmuseums Mainz, 1982.

WELSCHINGER, HENRI, *Sainte Odile / Patronne d'Alsace*, Paris 1925¹⁰.

WEMPLE, SUZANNE FONAY, *Women in Frankish Society / Marriage and the Cloister 500–900*, University of Pennsylvania Press, Philadelphia 1981.

WILL, R./HIMLY, F. J., *Les édifices religieux en Alsace a l'epoque pré-romane, Ve–Xe siècles,* Revue d'Alsace, t. 93, Delle – Strasbourg – Colmar 1954, S. 36–76.

WILSDORF, CHRISTIAN, *Les Étichonides aux temps carolingiens et ottoniens,* Bulletin philologique et historique année 1964, Actes du 89e Congrès national des Sociétés savantes tenu à Lyon, Paris 1967, S. 1–33.

WILSDORF, CHRISTIAN, *Le »monasterium Scottorum« de Honau et la famille des ducs d'Alsace au VIIIe siècle. Vestiges d'un cartulaire perdu,* Francia 3, 1975, Artemis, Zürich – München 1976, S. 1–87.

WILSDORF, CHRISTIAN, *Remiremont et Murbach à l'époque carolingienne,* in: PARISSE, Remiremont / l'abbaye et la ville, S. 47–57.

WIMMER/MELZER, *Lexikon der Namen und Heiligen,* Tyrolia, Innsbruck 1982.

WINTERER, L., *Die heilige Odilia und das christliche Elsaß im 7. u. 8. Jahrhundert,* Rixheim 1933[7].

WITTERN, SUSANNE, *Frauen zwischen asketischem Ideal und weltlichem Leben / Zur Darstellung des christlichen Handelns der merowingischen Königinnen Radegunde und Balthilde in hagiographischen Lebensbeschreibungen des 6. u. 7. Jahrhunderts,* in: AFFELDT/KUHN, Frauen in der Geschichte VII, S. 279–94.

WOOD, IAN, *A prelude to Columbanus: The monastic achievement of the Burgundian territories,* in: BRENNAN (HG.), Columbanus and Merovingian Monasticism, S. 3–32.

ZINNDOBLER, RUDOLF/WIDDER, ERICH, *Der heilige Severin. Sein Leben und seine Verehrung,* Oberösterreichischer Landesverlag 1982.

REGISTER

(Orts-, Personen- und Sachregister)

N°·I.

Eticho und Odilia (Steinstele/Stauferzeit)

(aus: J. A. Silbermann, Beschreibung von Hohenburg oder dem Sanct-Odilienberg, S. 39)

N°. II.

N°. III.

Hl. Leudgar
(Steinstele)

Maria mit Jesuskind (Steinstele)
und den Äbtissinnen Relinde und Herrat

(aus: J. A. Silbermann, Beschreibung von Hohenburg oder dem Sanct-Odilienberg S. 39)

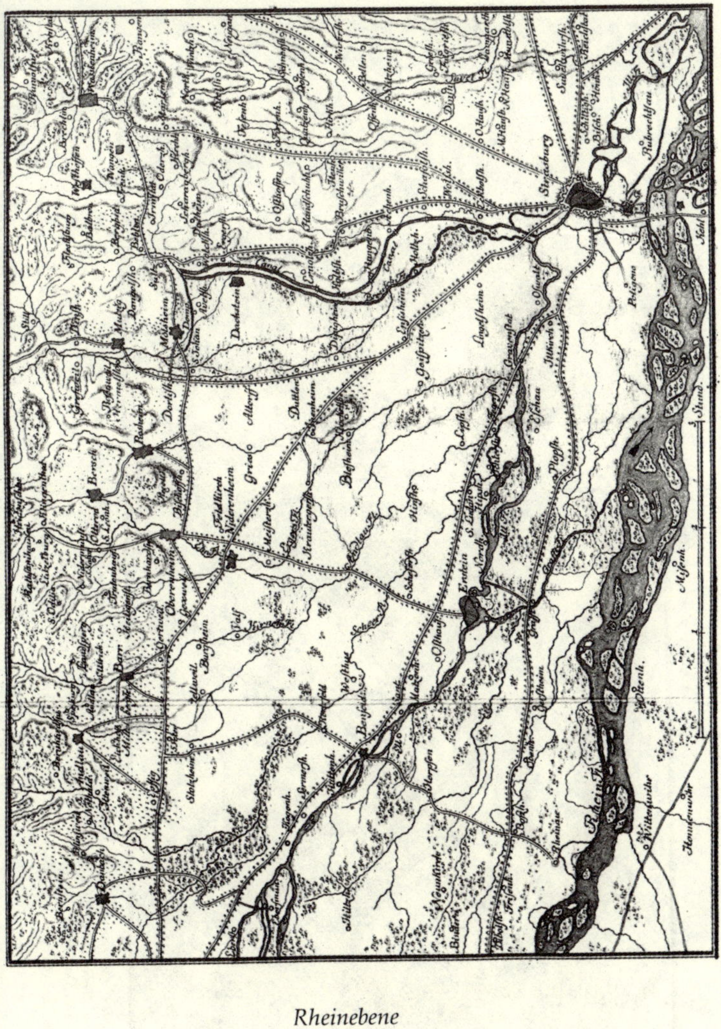
Strasburg
Kehl
Canal
Dachstein
Molsheim
Rosheim
Barr
Benfeld
Erstein

Rheinebene

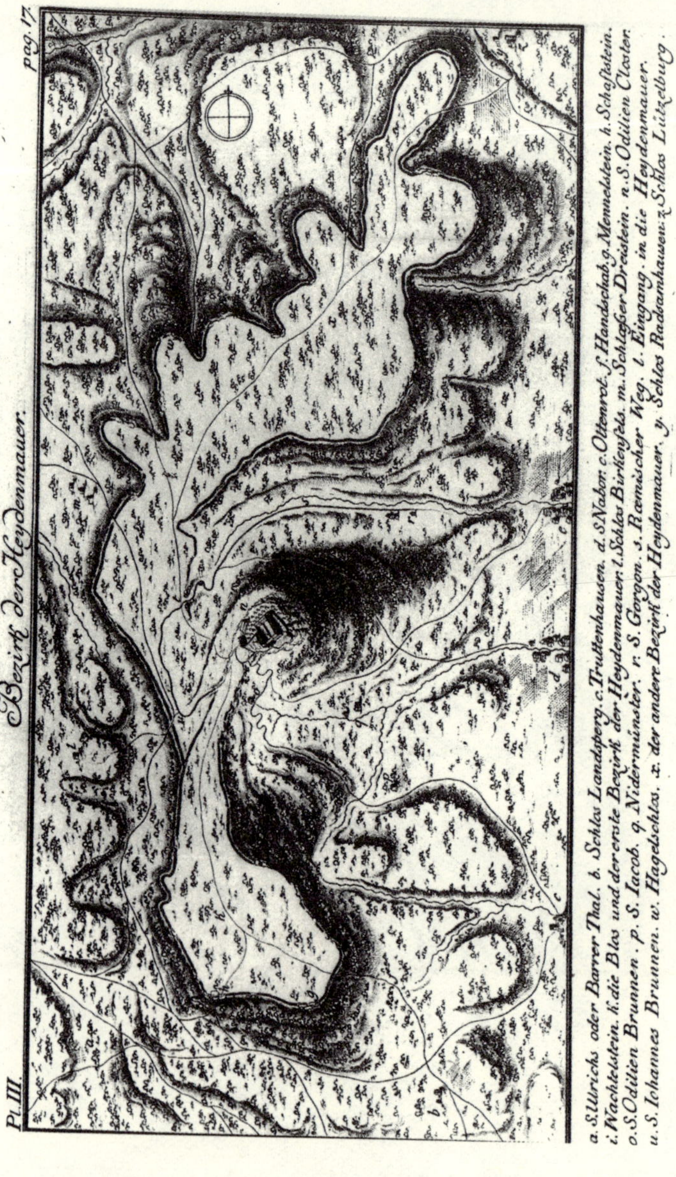

»Bezirk der Heydenmauer«

Klosteransicht von 1750 (Stich von Silbermann)
a) Klosterkirche – b) Johannes-/Odilien-Kapelle –
c) Tränenkapelle – d) Engelskapelle

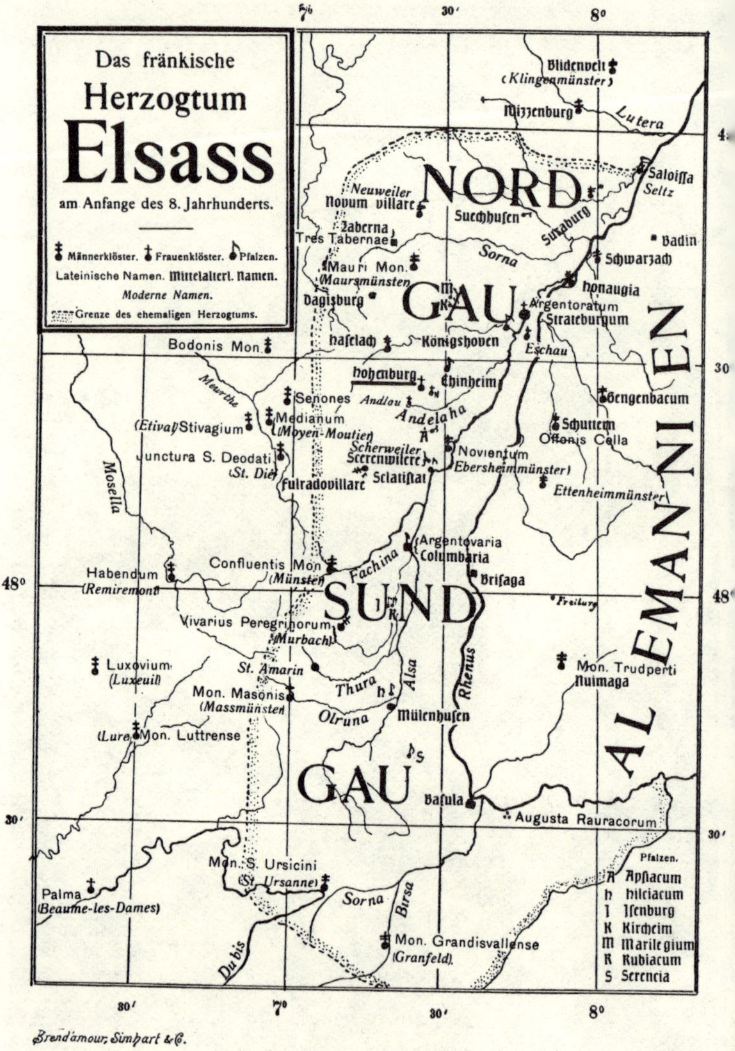

(aus Wehrmeister S. 10)

E T I C H O N

I N F A M I L I A S

S U B P E R I O D

ETIC
Dux Alfatiæ cir
† circa
Uxor Berswinda, ma

ADELBERTUS,
Dux Alfatiæ,
cujus pofteri Ducatum & bona
in fup. Alfatia, trans Rhenum,
ac in Juraffo, obtinuerunt.
† circa 720.
Ux. 1. Gerlindis, 2. Bathildis.
Sator *Luitfridigenarum.*

N.
à patre occifus.

ODILI
Abbatiffa Hohenb
† circa 72

LUITFRIDUS I.
Dux Alfatiæ
An. 720.
† circa 750.

EUGENIA,
Abbatiffa
Hohenburg.
anno 723.

ATTALA,
Abbatiffa
S. Stephani
circa 718.

MASO,
fundator
Mafonis
Monafterii.

GUNDELINDIS,
Abbatiffa
Inf. Monaft.

EBERHARD
Comes,
fundator Abb
Murbacenfi
† circa 747.
Ux. Emeltrud

LUITFRIDUS II. Comes,
† circa 800.

N. filius,
in flumine Tolra perit.

N. filius,
ante patrem defu

LEUTARDUS Comes.
† circa 830.
Ux Grimildis.

BASILLA, Abbatiffa
S. Stephani 845. & 871.
ab aliis male RUATRUD,
Mabillonio RUOTBADA, dicta.

HUGO III.
Comes. † 837.
Ux. Bava.

GERHARDUS
DE ROSSILIONE,
Comes Parifinus, fec. IX.
celeberr. † poft 872.
Ux. Bertha, Pipini,
Regis Aquitaniæ, filia.

ERMENGARDIS,
nupta Lothario I. Imp.
fundatrix Monafterii
Erftein. Hujus filius
Lotharius Hugonem, filium
naturalem, creavit Ducem
Alfatiæ.

LUITFRIDUS III.
Comes.
† 864.

ADALARDUS
Comes.
† circa 876.

HUGO
puer, †
in Italia
circa 82

THEODORICUS
† puer.

EVA puella
An. 865.

HUGO IV.
Comes 866.
† circa 880. improlis.

LUITFRIDUS IV.
Comes 884.
Advocatus Trudpertinus 903.
† circa 910.

HUNFRIDUS Comes
903. in Nord-
govia potens.

LUITFRIDUS V.
Comes Sundgoviæ
912. 925. pater
Luitfridi VI. & avus
Luitfridi VII.

HUGO V. Com
Egisheim. 903